Ethik in den Biowissenschaften –
Sachstandsberichte des DRZE

Band 3: Präimplantationsdiagnostik, Embryonenforschung,
Klonen

Herausgegeben vom DRZE –
Deutsches Referenzzentrum für Ethik in den Biowissenschaften

unter Verantwortung von
Ludger Honnefelder und Dirk Lanzerath

www.drze.de

VERLAG KARL ALBER A–

Im vorliegenden rechtsvergleichenden Überblick zur Regelung der Prä-implantationsdiagnostik, der Embryonenforschung, der Forschung an menschlichen embryonalen Stammzellen sowie des reproduktiven und so genannten therapeutischen Klonens sowohl in Europa als auch in ausgewählten außereuropäischen Staaten, wird der Versuch unternommen, die auf nationaler wie internationaler Ebene entwickelten Standards in einer Gesamtschau darzulegen. Dazu werden im ersten Teil die entsprechenden Regelungen der einzelnen Länder ausführlich dargestellt, um dem Leser einen raschen Überblick über die medizinrechtliche Praxis in Deutschland und im Ausland zu ermöglichen. Darauf folgend werden im zweiten Teil die einschlägigen internationalen Regelungsabkommen zusammengefasst. Im abschließenden letzten Teil wird die Vielfalt der Regelungsvarianten bzw. -optionen veranschaulicht und typische Regelungsmuster skizziert, so dass sich Gemeinsamkeiten und Verschiedenheiten der internationalen biorechtlichen Normgebung erkennen lassen.

In the review on comparative law concerning the regulation of preimplantation genetic diagnosis, embryonic research, research on human embryonic stem cells as well as reproductive and therapeutic cloning in Europe but also in selected non-European states, the attempt is made to present an overall look at the standards developed at national and international level. Thereto in the first part the corresponding regulations in the individual countries are presented in detail in order to give the reader a quick overview about code of practice concerning medical and health care legislation in Germany and abroad. Subsequently in the second part the corresponding international regulation agreements are summarised. In the closing part the variety of regulation alternatives or options is illustrated, and typical examples are outlined so that commonalities as well as differences of international legal standards can be perceived.

Martin Heyer / Hans-Georg Dederer

Präimplantationsdiagnostik, Embryonenforschung, Klonen

Ein vergleichender Überblick zur Rechtslage
in ausgewählten Ländern

Verlag Karl Alber Freiburg/München

Gedruckt auf alterungsbeständigem Papier (säurefrei)
Printed on acid-free paper
Alle Rechte vorbehalten – Printed in Germany
© Verlag Karl Alber GmbH Freiburg / München 2007
www.verlag-alber.de

Originalausgabe

Redaktion: Birte Herrfurth-Rödig und Simone Hornbergs-Schwetzel unter
Mitarbeit von Lisa Tambornino
Satz: SatzWeise, Föhren
Druck und Bindung: Difo-Druck, Bamberg

ISBN 978-3-495-48195-0
ISSN 1611-3195

Inhalt

II. Internationales Recht

III. Vergleichende Übersicht

Inhalt

Vorwort

Die unterschiedlichen Rechts- und Ethikkulturen in europäischen und außereuropäischen Ländern führen zu verschiedenen Umgangsweisen mit der biowissenschaftlichen Forschung und ihrer Anwendung sowie zu variierenden Regelungen im Bio- und Medizinrecht. Gerade die kontrovers diskutierten Felder des Klonens, der Embryonen- und Stammzellforschung sowie der Präimplantationsdiagnostik machen diese Verschiedenheiten deutlich. Die globalisierte biowissenschaftliche Forschung und die Mobilität derjenigen, die für eine Nutzung der neuen diagnostischen und therapeutischen Möglichkeiten in Frage kommen, machen einen grenzübergreifenden Diskurs über diese Fragen der Normierung der Biowissenschaften notwendig.

Mit dem vorliegenden rechtsvergleichenden Überblick zu Regelungen der Präimplantationsdiagnostik, der Embryonenforschung, der Forschung an menschlichen embryonalen Stammzellen sowie des reproduktiven Klonens und des so genannten therapeutischen Klonens (Forschungsklonen) ergänzt das DRZE bereits erschienene und in Vorbereitung befindliche Sachstandsberichte zu Themen wie embryonale Stammzellforschung oder Präimplanationsdiagnostik. Diese Bände konnten und können nicht den Raum bieten, die rechtlichen Regelungen in verschiedenen Ländern aufzuführen und miteinander zu vergleichen.

Neben dem Vergleich zwischen den einzelstaatlichen Regelungen in europäischen und in ausgewählten außereuropäischen Staaten wird der Versuch unternommen, die auf nationaler wie internationaler Ebene entwickelten Standards in einer Gesamtschau darzustellen. Dazu werden im ersten Teil die entsprechenden Regelungen der einzelnen Länder ausführlich behandelt, um dem Leser einen raschen Überblick über die Rechtspraxis für die ausgewählten Themenfelder in Deutschland und im Ausland zu ermöglichen. Im darauf folgenden zweiten Teil werden die einschlägigen internationalen Regelungsabkommen zusammengefasst. Im abschließenden letzten Teil wird die Vielfalt der Regelungsvarianten bzw. -optionen veranschaulicht und typische Regelungsmuster skizziert, so dass sich Gemeinsamkeiten und Verschiedenheiten der internationalen biorechtlichen Normgebung erkennen lassen.

Da die meisten Regelungen vom »therapeutischen« Klonen sprechen – obwohl das therapeutische Ziel noch in weiter Ferne liegt – und sie nicht den in der Diskussion immer häufiger verwendeten Begriff »Forschungsklonen« aufgreifen, lehnt sich der Sprachgebrauch des Sachstandsberichts an denjenigen der Regelungen an. Der vorliegende Sachstandsbericht gibt den Stand vom Mai 2007 wieder.

Für das Deutsche Referenzzentrum für Ethik in den Biowissenschaften (DRZE)

Ludger Honnefelder und Dirk Lanzerath

I. Nationale Regelungen in europäischen und ausgewählten außereuropäischen Staaten

Martin Heyer

1. Europäische Länder

1.1 Belgien

Die Themenfelder Klonen und Embryonenforschung waren Gegenstand eines Gesetzesentwurfs, welcher von zwei Senatoren ins belgische Parlament eingebracht wurde. Das daraus resultierende *Gesetz über die Forschung an Embryonen in vitro* ist am 09. Februar 2004 in Kraft getreten.

Gemäß Art. 3 *Gesetz über die Forschung an Embryonen in vitro* ist Forschung mit menschlichen Embryonen nur erlaubt,

1. wenn sie therapeutische Zwecke verfolgt oder zu einer verbesserten Kenntnis auf den Gebieten der Fruchtbarkeit, Sterilität, Organ- oder Gewebetransplantation, Vorbeugung oder Behandlung von Krankheiten beiträgt,

2. wenn sie auf den neuesten wissenschaftlichen Kenntnissen basiert und den Anforderungen einer korrekten Methodologie der wissenschaftlichen Forschung genügt,

3. wenn sie in einem zugelassenen Labor, das an eine universitäre Einrichtung für Reproduktionsmedizin oder Humangenetik gebunden ist, und unter angepassten technischen und materiellen Umständen durchgeführt wird. Im Rahmen eines nicht-universitären Pflegeprogramms für Reproduktionsmedizin ist die Forschung erst nach Abschluss eines Abkommens im Rahmen eines universitären Pflegeprogramms für Reproduktionsmedizin möglich. Das Abkommen muss vorsehen, dass die in Art. 7 erwähnte Stellungnahme vom lokalen Ethikausschuss der universitären Einrichtung abgegeben wird,

4. wenn sie unter der Kontrolle eines Facharztes oder eines Doktors der Wissenschaften und von Personen mit den erforderlichen Qualifikationen durchgeführt wird,

5. wenn sie an einem Embryo während der ersten 14 Tage seiner Entwicklung – Einfrierungszeit nicht einbegriffen – durchgeführt wird,

6. wenn es keine andere Forschungsmethode mit vergleichbarer Effizienz gibt

und schließlich wenn die zuständige lokale Bioethikkommission ihr Einverständnis erteilt hat (Art. 7 *Gesetz über die Forschung an Embryonen in vitro*).

Die Erzeugung von Embryonen zu Forschungszwecken ist durch Art. 4 § 1 *Gesetz über die Forschung an Embryonen in vitro* verboten, es sei denn, das Forschungsziel kann durch Forschung an ›überzähligen‹ Embryonen nicht erreicht werden und die Voraussetzungen des Art. 3 *Gesetz über die Forschung an Embryonen in vitro* sind erfüllt. Dies bedeutet im Umkehrschluss, dass das sogenannte therapeutische Klonen zu Forschungszwecken unter diesen restriktiven Voraussetzungen zulässig ist.

Reproduktives Klonen wird in Art. 6 des *Gesetzes über die Forschung an Embryonen in vitro* verboten.

Forschung und Behandlungen zur Auswahl des Geschlechts sind gemäß Art. 5 Abs. 4 *Gesetz über die Forschung an Embryonen in vitro* verboten, soweit die Auswahl nicht der Vermeidung geschlechtsgebundener Krankheiten dient. PID ist insofern zulässig.

Alle Kliniken sind durch Königlichen Erlass vom 12. August 1994 verpflichtet, lokale Ethikkomitees *(Comité local d'ethique hospitalier)* einzurichten. Klinische Ethik-Komitees bestehen aus 8 bis 15 Mitgliedern beider Geschlechter. In Frage kommen Mediziner der betreffenden Klinik, externe Ärzte, Krankenschwestern und -pfleger, medizinische Laien und Juristen. Klinikdirektoren und Chefärzte / Abteilungsleiter dürfen dem Komitee nicht angehören. Die Aufgaben des Komitees bestehen darin,
- in der Praxis der ärztlichen Behandlung zu Aspekten, die ethische Fragestellungen berühren, Ratschläge / Empfehlungen zu geben;
- in individuellen Fällen mit ethischem Bezug bei der Entscheidungsfindung Unterstützung zu leisten;
- zu allen Forschungsvorhaben, die Experimente am Menschen betreffen, eine Stellungnahme abzugeben.

Mit Erlass des *Gesetzes über die Forschung an Embryonen in vitro* erhielten diese Kommissionen durch dessen Art. 7 § 2 außerdem die Aufgabe, Forschungsvorhaben im Bereich der Embryonenforschung zu evaluieren. Ohne ein vorheriges positives Votum der zuständigen Ethikkommission kann kein Forschungsvorhaben unter Einbeziehung menschlicher Embryonen durchgeführt werden. Nach Erhalt des positiven Votums ist das Vorhaben noch der *Föderalen Kommission für medizinische und wissenschaftliche Forschung an menschlichen Embryonen in vitro* vorzulegen. Die Aufgabe dieser staatlichen Einrichtung besteht *inter alia* darin, alle Forschungsprojekte zur Forschung an Embryonen zu untersuchen (Art. 10 § 2 *Gesetz über die For-*

schung an Embryonen in vitro). Sämtliche Vorhaben auf diesem Gebiet werden unter Beifügung des positiven Votums der lokalen Ethikkommission an die Föderale Kommission weitergeleitet. Erhebt die Kommission nicht binnen zwei Monaten nach Eingang der Unterlagen Widerspruch, kann das Projekt beginnen.

Einschlägige Regelungen:
– Gesetz über die Forschung an Embryonen in vitro vom 29. Februar 2004. [http://www.ejustice.just.fgov.be/cgi/summary_body.pl?language=fr&pub_date= 2004-04-05; zum Dokument über den Button 2004000078 [08. Mai 2006]].

1.2 Dänemark

In Dänemark ist seit 1997 ein *Gesetz über assistierte Reproduktion im Zusammenhang der medizinischen Behandlung, Diagnose und Forschung* in Kraft. Hinzu tritt eine Verordnung. Neue therapeutische oder diagnostische Verfahren in diesem Bereich bedürfen danach grundsätzlich der Zustimmung durch das Gesundheitsministerium. Die skandinavischen Staaten haben im Rahmen des Zusammenschlusses im *Nordic Council*[1] zudem das Ziel, auf eine einheitliche Gesetzgebung im Bereich der Biotechnologie hinzuarbeiten. Dänemark, Norwegen und Schweden haben dazu bereits ein System von Ethikkomitees aufgebaut und weisen hinsichtlich der PID-Regelung weitgehend ähnliche Standards auf, welche die PID unter strikten Bedingungen prinzipiell zulassen.

Forschung an Embryonen ist nur zulässig, soweit sie entweder der Verbesserung der Methoden der Fortpflanzungsmedizin oder aber der Verbesserung der PID dient. Darüber hinaus ist die Zustimmung durch eines der lokalen Ethikkomitees erforderlich. Die Forschung an Embryonen ist nur bis zum 14. Tag nach der Befruchtung zulässig. Die Embryonen dürfen bis zu einem Jahr für Zwecke der Forschung (dagegen zwei Jahre für Zwecke der IVF) gelagert werden. Mit Änderung des *Gesetzes über Assistierte Reproduktion im Zusammenhang der medizinischen Behandlung, Diagnose und Forschung* im Juni 2003 hat Dänemark die bis *dato* geltende Regelung eines Verbots der Stammzellforschung liberalisiert. Bis zu diesem Zeitpunkt war die Gewinnung von humanen embryonalen Stammzellen gemäß dem Gesetz über künstliche Befruchtung Nr. 460 von 1997 in Dänemark

---

[1] Neben Schweden sind dies Dänemark, Norwegen, Finnland und Island. Vgl. dazu die Informationen unter: http://www.norden.org/ [08. Mai 2006].

verboten. Forschung mit Embryonen war nur zur Verbesserung der IVF-Methode zulässig, die Isolation von Stammzellen war nicht erlaubt. Dem Import von Stammzellen stand allerdings keine gesetzliche Regelung entgegen. Mit der Gesetzesänderung[2] wurde die Gewinnung von Stammzellen aus ›überzähligen‹ Embryonen erlaubt.

Forschung und Praktiken, deren Ziel es ist, genetisch identische Personen hervorzubringen, sind verboten, ebenso Experimente, welche das Klonen von Menschen möglich machen (Gesetz Nr. 503 Kapitel 4 § 15 I). Zur Frage des therapeutischen Klonens liegt eine Stellungnahme des vom Parlament beauftragten Ethikrates vor.[3] Hierin kommt eine Mehrheit des Gremiums zu der Auffassung, dass embryonale Stammzellen, welche durch Klonverfahren oder auf natürliche Weise gewonnen wurden, zwar im Prinzip zu therapeutischen Zwecken verwendet werden könnten, dass aber im Moment kein Bedarf für die Zulassung derartiger Verfahren bestehe. Dies wird damit begründet, dass eine wirksame Behandlung von Krankheiten durch Stammzellen noch nicht in Sicht sei. Auch wird vor der Gefahr eines Dammbruches im Falle der Legalisierung gewarnt.

Der rechtliche Status dieser Erklärung ist unklar. Gesetz Nr. 503 differenziert bei seinem Verbot des Klonens nicht nach der reproduktiven und der therapeutischen Variante. Möglicherweise kann die Empfehlung als Anhaltspunkt für die Auslegung der gesetzgeberischen Motive verstanden werden. Danach müsste man von einer weiten Auslegung des Begriffs »Klonen« in dem Gesetz ausgehen. Auch therapeutisches Klonen wäre demzufolge in Dänemark untersagt.

Die Durchführung von PID ist implizit gestattet. In §§ 25 bis 28 *Gesetz über assistierte Reproduktion im Zusammenhang der medizinischen Behandlung, Diagnose und Forschung* wird Embryonenforschung mit der Zielsetzung der Verbesserung der PID für zulässig erklärt. Daraus kann – auch mangels einer ausdrücklichen Verbotsnorm – auf die Zulässigkeit von PID geschlossen werden. IVF ist grundsätzlich gestattet, die Zulässigkeit im Einzelfall aber an bestimmte Bedingungen geknüpft. So muss eine Beratung durch einen Facharzt erfolgen, die künftigen Eltern müssen verheiratet sein oder in eheähnlicher Gemeinschaft leben und die Frau darf zum Zeitpunkt der Implantation nicht älter als 45 Jahre sein. Vor dem Transfer des

---

[2] Es liegt keine Version des Gesetzes in englischer Sprache vor. Ein Überblick über die Regelungssituation in den Ländern des Nordic Council ist unter http://www.ncbio.org/biolawupdate/table5.pdf [08. Mai 2006] erhältlich.

[3] Kurzes Abstract in deutscher Sprache erhältlich unter: http://www.drze.de/themen/blickpunkt/therap_klonen [09. August 2007].

Embryos ist zudem eine schriftliche Zustimmung des Paares notwendig. PID ist nur Paaren zugänglich, welche ein erhebliches Risiko der Vererbung einer schwerwiegenden Erbkrankheit aufweisen, soweit sich diese durch PID diagnostizieren lässt.

Einschlägige Regelungen:

- Gesetz Nr. 503 über das System Wissenschaftlicher Ethikkommissionen und den Umgang mit Biomedizinischen Forschungsprojekten aus dem Jahr 1992. [http://www.cvk.im.dk/cvk/site.aspx?p=150 [29. Mai 2007]].
- Gesetz über assistierte Reproduktion im Zusammenhang der medizinischen Behandlung, Diagnose und Forschung Nr. 460 vom 10.06.1997. [in dänischer Sprache: http://147.29.40.91/_GETDOCI_/ACCN/A20010046030-REGL [28. Mai 2007]].
- Verordnung Nr. 728 vom 17.09.1997. [englische Zusammenfassung: http://www3.who.int/idhl-rils/results.cfm?language=english&type=ByCountry&strRefCode=Den&strTopicCode=VII [29. Mai 2007]].

1.3 Deutschland

In der Bundesrepublik Deutschland bildet das 1991 in Kraft getretene *Embryonenschutzgesetz* (ESchG) die Grundlage für Fragen der rechtlichen Behandlung von Forschung an vorgeburtlichem Leben sowie des therapeutischen und reproduktiven Klonens. Ein ausdrückliches Verdikt spricht das ESchG in § 6 Abs. 1 aus. Gemäß der Definition des ESchG ist Klonen jede Handlung, durch welche bewirkt wird, »… daß ein menschlicher Embryo mit der gleichen Erbinformation wie ein anderer Embryo, ein Foetus, ein Mensch oder ein Verstorbener entsteht …«.

Umstritten ist, inwiefern diese Norm auch solche Entitäten umfasst, welche mittels SCNT hergestellt wurden. Dieser Streit entzündet sich einerseits an dem Merkmal der »gleichen Erbinformation« des § 6 Abs. 1 ESchG. Durch das SCNT-Verfahren, so argumentieren einige Stimmen in der Literatur[4], entstehe ein Gebilde, welches bezüglich des Kerngenoms mit dem Spender der Körperzelle identisch ist, deren Kern zur Übertragung in die entkernte Eizelle verwendet wird. Die mitochondriale DNA entspricht hingegen der der Eizellspenderin. Aus diesem Grunde könne nicht von einem Embryo mit gleicher Erbinformation im Sinne des § 6 Abs. 1 ESchG gesprochen werden. Einer Erstreckung des Geltungsbereiches der Vorschrift auf Gebilde mit nur *annähernd* gleicher Erbinformation

---

[4] In diesem Sinne etwa Kersten 2004: 33 f. mit weiteren Nachweisen.

wie etwa solcher, die mittels der Kerntransfertechnik entstanden sind, stehe zudem das sich aus Art. 103 Abs. 2 GG ergebende strafrechtliche Analogieverbot entgegen.[5] Die andere und wohl herrschende Meinung[6] hingegen verweist darauf, dass das Kerngenom alle wesentlichen Informationen enthalte, welche für die Merkmale eines entwickelten Organismus von Bedeutung seien. Eine Identität des Kerngenoms sei insofern hinreichend, um das Kriterium der ›gleichen Erbinformation‹ zu erfüllen.

Ein zweiter Streitpunkt betrifft die Definition des Embryos in § 8 Abs. 1 ESchG. Hiernach gilt als Embryo »… im Sinne dieses Gesetzes … bereits die befruchtete, entwicklungsfähige menschliche Eizelle vom Zeitpunkt der Kernverschmelzung an, ferner jede einem Embryo entnommene totipotente Zelle, die sich bei Vorliegen der dafür erforderlichen weiteren Voraussetzungen zu teilen und zu einem Individuum zu entwickeln vermag«.

Aus der Bezugnahme auf den Zeitpunkt der Kernverschmelzung wird vereinzelt gefolgert, dass Embryonen im Sinne des ESchG nur solche Gebilde sein können, welche im Wege der Befruchtung einer Eizelle durch ein Spermium entstehen, nicht aber durch Verfahren wie den Kerntransfer erzeugte Entitäten. Demnach würde das therapeutische Klonen mittels Kerntransfer nicht unter das Klonverdikt des § 6 Abs. 1 ESchG fallen. Gegen diese Ansicht wird von der herrschenden Meinung vorgebracht, dass das Wort »bereits« in § 8 Abs. 1 ESchG nicht im Sinne einer rein zeitlichen Erstreckung zu verstehen sei, um lediglich auch schon frühe Stadien des Befruchtungsprozesses in den Geltungsbereich des Gesetzes mit einzubeziehen. Vielmehr komme dem Wort »bereits« die Bedeutung von »auch« zu und bringe somit den gesetzgeberischen Willen zum Ausdruck, auch andere Methoden der Erzeugung von entwicklungsfähigen Entitäten durch das ESchG zu erfassen. Dies ergebe sich außerdem aus der Erstreckung des Schutzbereichs des ESchG auf alle einem Embryo entnommenen, totipotenten Zellen aus dem 2. Halbsatz von § 8 Abs. 1 ESchG. Nach dieser Ansicht spricht aus § 8 Abs. 1 ESchG ein umfassender gesetzgeberischer Wille, das Klonen in all seinen Spielarten zu ächten. Den unter

---

[5] Das Klonverbot des § 6 Abs. 1 ESchG ist strafbewehrt; ein Verstoß kann mit Freiheitsstrafe bis zu 5 Jahren oder Geldstrafe geahndet werden. Art. 103 Abs. 2 GG statuiert, dass eine Tat nur bestraft werden kann, wenn sie zum Zeitpunkt der Tat mit Strafe bedroht war und zudem gesetzlich hinreichend bestimmt war. Eine Ausweitung des Anwendungsbereiches einer Strafnorm im Wege der in anderen Rechtsbereichen üblichen analogen Anwendung von Normen verbietet sich insofern aus verfassungsrechtlicher Sicht.

[6] Unter Anderem etwa Schäuble et al. 1997; Oduncu 2001: 119; Eser / Koch 2003b: 26; Witteck / Erich 2003: 259; Miklos 2002: 126.

Bezug auf das strafrechtliche Bestimmtheitsgebot des Art. 103 Abs. 2 GG vorgebrachten Bedenken wird entgegengehalten, dass die Quellenlage sowie die späteren Einlassungen der Bundesregierung einen hinreichend deutlichen gesetzgeberischen Willen zum Ausdruck bringen, um die Erfassung jeglicher Arten von embryonalen bzw. embryoähnlichen Gebilden, unabhängig von der Art ihrer Entstehung, durch die Definition des Art. 8 Abs. 1 zu rechtfertigen.

Folgt man dieser Auffassung, so ergibt sich für den Gesamtbereich der Embryonenforschung ein eindeutiges Bild.

In § 2 Abs. 1 ESchG wird jedwede Verwendung von Embryonen zu Zwecken, die nicht ihrer Erhaltung dienen, mit Freiheitsstrafe bis zu drei Jahren oder Geldstrafe bedroht. Zugleich bedroht § 1 Abs. 2 ESchG jeden mit Strafe der »... 1. künstlich bewirkt, daß eine menschliche Samenzelle in eine menschliche Eizelle eindringt, oder 2. eine menschliche Samenzelle in eine menschliche Eizelle künstlich verbringt, ohne eine Schwangerschaft der Frau herbeiführen zu wollen, von der die Eizelle stammt.«

Aus der Zusammenschau dieser Vorschriften ergibt sich sowohl ein Verbot der Erzeugung von Embryonen zu Forschungszwecken als auch eine – von dem ursprünglichen Verwendungszweck der Embryonen unabhängige (und damit auch auf sogenannte ›überzählige‹ Embryonen erstreckte) – Absage an die Verwendung von Embryonen zu Forschungszwecken.

Aus dem Verbot der Verwendung von Embryonen zu einem Zweck, der nicht ihrer Erhaltung dient, wird weiter die Unzulässigkeit der PID abgeleitet. Stellt man auf den jeweils einzelnen untersuchten Embryo ab, so werde die Untersuchung (welche eindeutig als Verwendung im Sinne dieser Vorschrift zu qualifizieren ist) eben nicht mit dem unbedingten Vorsatz vorgenommen, diesen zu erhalten. Vielmehr bestehe die Absicht, ihn im Falle einer erblichen Schädigung zu verwerfen und statt seiner einen erblich nicht belasteten Embryo für den weiteren Reproduktionsvorgang zu verwenden. Aus dieser Perspektive rechtfertige sich weder die an sich schon invasive und nicht risikolose Zellentnahme an dem Embryo noch (erst recht) die Verwerfung desselben nach negativer Diagnose. In den letzten Jahren mehren sich die Stimmen[7], welche die Zulässigkeit von PID unter Verweis auf den Gesamtzusammenhang der reproduktionsmedizinischen Maßnahme bejahen wollen. Es komme nicht darauf an, dass der einzelne Embryo bei entsprechender Indikationslage verworfen werden

---

[7] Siehe dazu Bioethik-Kommission des Landes Rheinland-Pfalz 1999: 43 f. In diesem Sinne auch Schneider 2005: 330 f.

solle. Vielmehr ziele die Maßnahme ja gerade darauf ab, einen gesunden Embryo in die Gebärmutter zu übertragen. Unbeschadet eines Vorbehaltes bezüglich der Verwendung eines eventuell geschädigten Embryos bestehe daher der Zweck der Maßnahme gerade in der Erhaltung des Embryos und dessen Verbringung in den Mutterleib. Die Verbotsvoraussetzungen des § 2 Abs. 1 ESchG seien insofern nicht gegeben. Eine derartige Rechtfertigung von PID kann nach deutscher Rechtslage aber nur insofern Bestand haben, als die für die PID entnommene Zelle nicht mehr totipotent ist. Würde eine totipotente Zelle entnommen, so greift für sie (nicht nur für die Zellgesamtheit aus der sie entnommen wurde) der Schutz des § 2 Abs. 1 i.V.m. § 8 Abs. 1 ESchG ein, und ihre Verwendung zu einem anderen Zweck als der Herbeiführung einer Schwangerschaft wäre somit verboten.

Folgt man der herrschenden Meinung – und angesichts der nicht unerheblichen Strafandrohungen des ESchG ist nicht zu erwarten, dass ein Forscher sich im Vertrauen auf die Durchsetzungsfähigkeit der abweichenden Meinung auf das forensische Risiko einer Forschung im juristischen Graubereich einlässt –, so verbleibt der Forschung mit humanen embryonalen Stammzellen kaum Raum. Einer dieser Graubereiche war bis 2002 die Forschung an importierten humanen embryonalen Stammzellen. Zwar war mangels eines ausdrücklichen Verbotes, von der Zulässigkeit des Importes auszugehen, jedoch strebten die an der Forschung interessierten Wissenschaftler angesichts der Brisanz des Themas, nach einer klaren politischen, wie auch normativen Festlegung. Die Diskussion um deren rechtliche Zulässigkeit wurde mit Inkrafttreten des »Gesetzes zur Sicherstellung des Embryonenschutzes im Zusammenhang mit Einfuhr und Verwendung menschlicher embryonaler Stammzellen« (Stammzellgesetz – StZG) im Wesentlichen beendet. Das StZG stellt den Import von und die Forschung an humanen embryonalen Stammzellen unter ein grundsätzliches Verbot, für welches aber Ausnahmen unter bestimmten Voraussetzungen vorgesehen sind. Die Erlaubnis zum Import muss das dem Gesundheitsministerium angesiedelte Robert Koch Institut erteilen. Voraussetzungen hierfür sind unter anderem, dass die Stammzellen gem. § 4 Abs. 2 Nr. 1 StZG in Übereinstimmung mit dem Recht des Herkunftslandes aus ›überzähligen‹ Embryonen gewonnen wurden, für deren Überlassung kein geldwerter Vorteil gewährt wurde und deren Gewinnung nicht in offensichtlichem Widerspruch zu sonstigen tragenden Grundsätzen der deutschen Rechtsordnung erfolgt ist (§ 4 Abs. 2 Nr. 2 und Abs. 3 Satz 1 StZG). Weiterhin ist eine Genehmigung zur Forschung an den importierten Stammzellen nur zu erteilen, wenn und insoweit »... sie hochrangigen Forschungszielen für den wissenschaftlichen Erkenntnisgewinn im Rahmen der Grundlagenforschung oder für die Erweiterung medizinischer Kenntnisse bei der Entwicklung diagnostischer, präventiver oder therapeutischer Verfahren zur Anwendung bei Menschen dienen« (§ 5 Nr. 1 StZG, das so genannte Kriterium der Hochrangigkeit) und »... die im Forschungsvorhaben vorgesehenen Fragestellungen so weit wie möglich bereits in In-vitro-Modellen mit tierischen Zellen oder in Tierversuchen vorgeklärt worden sind und ... der mit dem Forschungsvorhaben angestrebte wissenschaftliche Erkenntnisgewinn sich voraussichtlich nur mit embryonalen Stammzellen erreichen lässt.« (§ 5 Nr. 2 StZG, das so genannte Kriterium der Subsidarität und Alternativlosigkeit). Die Einhaltung der Kriterien aus § 5 StZG wird von einer beim Robert Koch Institut eingerichteten Zentralen Ethik-Kommission für Stammzellforschung überprüft. Bis zum 12. April 2007 wurden 21 Genehmigungen erteilt. Einige Forscher beantragten und erhielten mehrere Genehmigungen.

Einschlägige Regelungen:

- Gesetz zum Schutz von Embryonen – Embryonenschutzgesetz (ESchG) vom 13. Dezember 1990. [http://www.bmj.bund.de/files/7106bcc0578a038a1ea7e2391157b8a5/1148/ESchG.pdf [08. August 2006]].
- Gesetz zur Sicherstellung des Embryonenschutzes im Zusammenhang mit Einfuhr und Verwendung menschlicher embryonaler Stammzellen – Stammzellgesetz (StZG) vom 28. Juni 2002. [http://www.bmj.bund.de/files/84fa39a1636fd5b11e089e49bdacdf86/1145/Stammzellgesetz%20deutsch.pdf [08. August 2006]].

1.4 Estland

In Estland gestattet der Gesetzgeber die Nutzung von Embryonen aus IVF-Verfahren zum Zwecke der Forschung unter folgenden Voraussetzungen:

(1) der Embryo konnte aus Gründen, die mit dem Schutz der Gesundheit von Mutter oder Kind zu tun haben, nicht verpflanzt werden (§ 32 Abs. 1, 1. Alternative *Artificial Insemination and Embryo Protection Act*),

(2) die Mutter hat ihre Zustimmung zum IVF-Verfahren zurückgezogen (§ 32 Abs. 1, 2. Alternative i. V. m. § 4 Abs. 3) oder

(3) der Embryo wurde, nachdem er vor dem vierzehnten Tag seiner Entwicklung eingefroren wurde, länger als 7 Jahre in gefrorenem Zustand gelagert (§ 32 Abs. 1, 3. Variante. V. m. § 30 Abs. 2).

Unter den genannten Voraussetzungen und soweit die Zustimmung der Gametenspender vorliegt (§ 32 Abs. 3), kann der Embryo zu Forschungszwecken, insbesondere zur Gewinnung von embryonalen Stammzellen, genutzt werden.

Das Gesetz führt aus, dass eine IVF nur mit dem Zweck des Transfers des so entstandenen Embryos auf eine Frau durchgeführt werden darf (§ 32 Abs. 3). Die Erzeugung von Embryonen zu Forschungszwecken ist somit unzulässig.

Der *Artificial Insemination and Embryo Protection Act* hat außerdem das estnische Strafgesetzbuch *(Penal Code)* geändert. In den §§ 120¹ und 120² wurden eine Reihe von Handlungen in Bezug auf Embryonen unter Strafe gestellt, so die geschlechtsbezogene Selektion der Spermien bei einer künstlichen Befruchtung (außer im Fall einer schweren geschlechtsgebundenen Erbkrankheit) und die Erzeugung von Embryonen durch SCNT. Bei einer erneuten Änderung des Strafrechts wurden diese Vorschriften aber wieder gestrichen. Unter Kapitel 9 Abschnitt 5 des *Penal Code* verbleibt in § 130 das Verbot des Klonens von Menschen, welches mit Geldstrafe oder bis zu drei Jahren Freiheitsstrafe bedroht wird. Es wird hieraus allerdings nicht klar, ob durch Streichung des ausdrücklichen Bezugs auf die Kerntransfertechnik das therapeutische Klonen von der Strafandrohung ausgenommen werden oder ob die allgemeinere Formulierung des § 130 *Penal Code* gegenüber der spezifischeren Formulierung des alten § 120² im Gegenteil jegliche Form des Klonens, unabhängig von Methode und Intention des Durchführenden, bannen soll. Der *Penal Code* enthält selbst keine Legaldefinition des Begriffes »Klonen«.

Der *Penal Code* sanktioniert ferner in § 131 die Erzeugung von Embryonen zu einem anderen Zweck als dem Transfer auf eine Frau zur Herbeiführung einer Schwangerschaft mit Geldstrafe und unterstreicht insofern das in § 32 Abs. 3 *Artificial Insemination and Embryo Protection Act* normierte Verbot der Herstellung von Embryonen zu Forschungszwecken. Es ist jedoch nicht klar, ob aus dieser Vorschrift auch ein Verbot der PID hergeleitet werden kann. Einerseits ließe sich argumentieren, dass ein Teil der im Falle einer PID erzeugten Embryonen ja gerade nicht zur Übertragung auf die Mutter, sondern unter billigender Inkaufnahme ihrer Verwerfung beim Vorliegen bestimmter Eigenschaften erzeugt wird. Andererseits macht der (inzwischen gestrichene) § 120² Abs. 1 *Penal Code* zum Verbot der Geschlechtsselektion eine Ausnahme bei schweren geschlechtsgebundenen Erbkrankheiten. Der Quellenlage ist insofern nicht eindeutig zu entnehmen, ob das estnische Recht PID mit Strafe bedroht. In jedem Fall wären entsprechende Handlungen gemäß § 131 *Penal Code* nicht mit Freiheits-, sondern mit Geldstrafe bedroht.

Einschlägige Regelungen:
- Artificial Insemination and Embryo Protection Act vom 11. Juni 1997. [http://www.legaltext.ee/text/en/X80008.htm [23. Mai 2007]].
- Penal Code (konsolidierter Text von Januar 2007). [http://www.legaltext.ee/en/andmebaas/ava.asp?m=022 [Eingabe: penal code] [09. August 2007]].

1.5 Finnland

In Finnland ist seit dem 09. April 1999 das Gesetz No. 488/1999 zur medizinischen Forschung in Kraft, das die Forschung an Personen, menschlichen Embryonen und Föten regelt. Darüber hinaus gibt es ein Dekret aus dem Jahr 1998 über Ethik in Gesundheitsfragen, durch das ein *National Advisory Board* beim Gesundheits- und Sozialministerium eingerichtet wurde. Im Gesetz über die medizinische Nutzung von menschlichem Gewebe und menschlichen Organen (No. 101/2001, in Kraft seit dem 01. September 2001) ist außerdem die Verwendung von Embryonen in diesem Bereich geregelt. Eine spezielle Regelung für die Genehmigung, Aufbewahrung oder Durchführung der Organ- oder Gewebespende scheint das Gesetz in Bezug auf Embryonen indes nicht zu enthalten. Angesichts der Einbindung Finnlands in den *Nordic Council* und der laufenden Harmonisierungsbestrebungen ist zu erwarten, dass sich die finnische Gesetzeslage, soweit dies noch nicht der Fall ist, mittelfristig dem Standard der anderen nordischen Länder angleichen wird.

Die Forschung an Embryonen ist zulässig, aber gemäß § 11 des Gesetzes Nr. 488 an eine Lizenzierung durch die *National Authority for Medicolegal Affairs* gebunden. Voraussetzung ist die schriftliche Zustimmung der Spender.[8] Sollte die Zustimmung der Spender zu einem späteren Zeitpunkt entfallen, so dürfen auch etwaige aus dem Embryo gewonnene Zelllinien nicht weiterverwendet werden. Forschung mit humanen Embryonen ist nur bis zum 14. Tag nach der Befruchtung (ohne Berücksichtigung etwaiger Zeiträume der Kälteverwahrung) gestattet. Die Herstellung von Embryonen zu Forschungszwecken ist in § 13 des Gesetzes No. 488/1999 ausdrücklich verboten.

Die Embryonen können gemäß § 13 bis zu 15 Jahre gelagert werden, danach müssen sie zerstört werden. Das Klonen menschlicher Wesen, die Erzeugung menschlicher Wesen durch Verschmelzung von Embryonen und die Erzeugung von Chimären ist gemäß § 26 des Gesetzes Nr. 488

---

[8] Siehe § 12 des Gesetzes Nr. 488.

mit Geldstrafe oder Freiheitsstrafe bis zu zwei Jahren bedroht. Auf unerlaubte Embryonenforschung steht gemäß § 25 Geldstrafe oder eine Freiheitsstrafe von bis zu einem Jahr.

Das reproduktive Klonen menschlicher Wesen ist verboten. Therapeutisches Klonen wird in Anlehnung an die Definition des Embryos in § 2 Abs. 2 des Gesetzes No. 488/1999 für erlaubt erachtet. Danach ist eine Zellgruppe, die durch einen Kerntransfer und nicht durch »Befruchtung« entstanden ist, nicht als Embryo im Sinne des Gesetzes zu werten[9].

PID ist mangels entgegenstehender Regelungen wohl zulässig. Zulässig ist darüber hinaus in bestimmten Fällen auch die Keimbahnintervention. Dies ergibt sich aus § 15 des Gesetzes No. 488/1999. Danach ist die Forschung an Embryonen zum Zweck der Entwicklung von Verfahren zur Veränderung von Erbanlagen ausnahmsweise dann gestattet, wenn die Forschung zur Heilung oder Verhinderung schwerer Erbkrankheiten dient.

Den vorliegenden Materialien ist nicht zu entnehmen, dass die Gewinnung embryonaler Stammzellen (etwa aus überschüssigen Embryonen) gesetzeswidrig ist. Es ist daher davon auszugehen, dass derartige Methoden der Gewinnung von ES-Zellen sowie deren Weiterverwendung zu Forschungszwecken unter den oben genannten Auflagen zur Forschung an Embryonen mit finnischem Recht vereinbar sind.

Einschlägige Regelungen:

- Gesetz zur medizinischen Forschung No. 488/1999. [http://www.finlex.fi/en/laki/ kaannokset/1999/en19990488.pdf [23. Mai 2007]].

1.6 Frankreich

Die einschlägigen Gesetze wurden im Juli 1994 erlassen und beinhalten eine Modifikation des *Code Civil* (Loi no. 94–653) bzw. einen Einschub in das vierte Buch des *Code de la Santé Publique* (Loi no. 94–654). Diese beiden so genannten Bioethikgesetze zeichnen sich durch ihre Detailliertheit und ihre Regelungsbreite aus. Sie zählen zudem zur restriktivsten Gesetzgebung auf dem Gebiet der Fortpflanzungsmedizin in Europa. Zugleich mit dem Erlass dieser Gesetze wurde beschlossen, ihre Angemessenheit nach einer Frist von fünf Jahren erneut zu überprüfen. Der damalige Premierminister Lionel Jospin kündigte vor dem nationalen französischen

---

[9] Diese Einschätzung beruht auf Informationen der Generalsekretärin des *National Advisory Board on Health Care Ethics (ETENE)* beim Gesundheits- und Sozialministerium in Helsinki.

Ethikrat im November 2000 an, dass er angesichts der großen Hoffnung, die man auf die Stammzellforschung setze, in einigen Punkten Änderungen plane. Das reproduktive Klonen solle auch zukünftig strengstens untersagt bleiben. Hingegen solle nach dem geplanten Regierungsentwurf die Forschung an Stammzellen erlaubt sein, soweit sie von ›überzähligen‹ Embryonen aus IVF-Verfahren stammen. Falls sich eines Tages herausstellen sollte, dass der Transfer somatischer Zellkerne notwendig werden könnte, dann sei eine solche Gewinnung von Stammzellen im Rahmen exakt definierter Protokolle und strenger Vorgaben denkbar. Jospins Formulierung ließ allerdings offen, ob der Transfer von adulten Stammzellen oder eine Klonierung durch Kerntransfer mit anschließender Gewinnung embryonaler Stammzellen und deren nachfolgender Differenzierung in somatische Zellen gemeint ist. Die nationale französische Ethikkommission CCNE wurde um eine Stellungnahme zum Gesetzentwurf gebeten, die im März 2001 dem Kabinett vorgelegt wurde. Der Gesetzentwurf zur Bioethik wurde am 22. Januar 2002 in erster Lesung durch die Assemblée Nationale angenommen. Am 30. Januar 2003 wurden durch den Französischen Senat zwei Änderungen zum Bioethik-Gesetzentwurf beschlossen: zum einen wurde die Anstiftung zum reproduktiven Klonen, zum anderen die Propaganda oder Werbung für reproduktives Klonen sanktionsbewehrt. Im Jahr 2001 äußerte Staatspräsident Chirac bei einer Rede zur Eröffnung des *Biovision World Life Science Forum* in Lyon, dass er die Zulassung des therapeutischen Klonens ablehne. Es führe zur Erzeugung von Embryonen zu Zwecken der Forschung und Zellgewinnung und mache trotz des gesetzlichen Verbotes letztlich das reproduktive Klonen praktisch möglich. Es entstehe zudem die Gefahr eines Handels mit Eizellen.

2004 schließlich wurde, nach ausführlicher Diskussion, die sich insbesondere auf die Frage der begrenzten Zulassung des therapeutischen Klonens konzentrierte, eine Reform der Bioethikgesetzgebung beschlossen, welche die bestehenden Regelungen grundsätzlich intakt ließ.

Gemäß dem *Code Pénal* in der seit 1994 geltenden Fassung wird die Herstellung von Embryonen zu kommerziellen Zwecken mit sieben Jahren Gefängnis bestraft. Der *Code de la santé publique* legt fest, dass die Zeugung eines Embryos *in vitro* nur im Rahmen der medizinisch assistierten Fortpflanzung (projet parental) erfolgen kann. Untersuchungen an einem Embryo fallen nur dann nicht unter das generelle Forschungsverbot, wenn

– beide Eltern schriftlich zugestimmt haben,
– die Untersuchungen eine medizinische Zielsetzung haben und dem Embryo keinen Schaden zufügen können,
– die zuständige Prüfungskommission zuvor zugestimmt hat.

Im Zuge der Novellierung des Bioethikgesetzes ist die Möglichkeit eingeführt worden, Forschung an In-vitro-Embryonen durchzuführen und aus diesen auch embryonale Stammzellen zu gewinnen. Dies gilt jedoch ausschließlich für Embryonen, die nach Versuchen künstlicher Befruchtung ›überzählig‹ geworden sind, für die Erfüllung des Kinderwunsches mithin nicht mehr benötigt werden. Alternativ können sich die Eltern auch für eine Vernichtung der Embryonen oder deren Freigabe zur Adoption entscheiden. Gemäß Art. L2151–5 *Code de la Santé Publique*[10] müssen darüber hinaus unter anderem folgende Voraussetzungen erfüllt sein:
– die schriftliche Einwilligung beider Eltern nach vorheriger Aufklärung,
– nach Erteilung der elterlichen Zustimmung müssen drei Monate verstrichen sein (wobei die Zustimmung jederzeit widerrufbar ist),
– es muss sich um medizinische Forschung handeln und diese muss zudem alternativlos sein,
– es liegen Genehmigungen des Gesundheitsministeriums, des Forschungsministeriums und einer eigens eingerichteten Überwachungsstelle *(Agence de la biomédicine)* vor.
Das Gesetz sieht diese Möglichkeit zunächst für einen Zeitraum von fünf Jahren (bis 2009) vor. Die Verlängerung dieser Frist bleibt einer erneuten Novellierung überlassen.

Das reproduktive Klonen ist in Frankreich gemäß Art. 214–2 *Code pénal* mit der höchsten Strafandrohung des französischen Strafrechts überhaupt, nämlich mit bis zu 30 Jahren Freiheitsstrafe und einer Geldstrafe von 7.500.000 € bedroht. Im Rahmen der Diskussion zur Bioethikgesetzgebung vorgebrachte Argumente zur begrenzten Legalisierung des therapeutischen Klonens konnten sich nicht durchsetzen. Jedoch ist die Strafandrohung hierfür gemäß Art. 511–18 *Code pénal*, mit bis zu sieben Jahren, deutlich geringer.

Abweichend von den Bestimmungen in anderen Ländern ist in Frankreich die Embryonenforschung auf den Zeitraum von maximal sieben (statt 14) Tagen nach der Befruchtung beschränkt. Die Kälteverwahrung von Embryonen kann bis zu fünf Jahre andauern, erfordert aber eine jährlich zu erneuernde Einverständniserklärung der Spender. Der Verstoß gegen die oben genannten Vorschriften der Bioethikgesetze ist je nach Delikt mit bis zu 1.000.000 € Geldstrafe und sieben Jahren Freiheitsstrafe bedroht. Eine Agentur für Fortpflanzung, Embryologie und Humangenetik

---

[10] Zusammenfassend zur Rechtssituation in Frankreich auch unter Einbeziehung verfassungsrechtlicher Aspekte, Schütze 2005: 298 ff.

(APEGH) soll innerhalb ihres Kompetenzbereiches Regeln festlegen und die wissenschaftliche Beobachtung und Begleitung gewährleisten.

PID ist durch das Bioethikgesetz – Loi 94–654 – vom 29. Juli 1994 geregelt. Art. 14 sieht vor, dass eine Diagnostik, die an dem Embryo in-vitro entnommenen Zellen vorgenommen wird, nur und ausnahmsweise unter folgenden Bedingungen erlaubt ist: Ein Arzt, der an einem pluridisziplinären Zentrum für pränatale Diagnostik tätig ist, muss dem Paar bescheinigen, dass es auf Grund der familiären Gegebenheiten eine hohe Wahrscheinlichkeit aufweist, ein Kind zur Welt zu bringen, das eine genetisch bedingte Krankheit hat oder bekommen wird, die besonders schwer ist und anerkanntermaßen zum Zeitpunkt der Diagnostik als unbehandelbar und unheilbar gilt (siehe auch Art. L2131–4 des Code de la Santé Publique). Die Diagnostik darf nicht durchgeführt werden, wenn nicht zuvor und eindeutig bei einem Elternteil die Anomalie festgestellt wurde, die für jene Krankheit verantwortlich ist. Beide Elternteile müssen schriftlich der Diagnostik zustimmen. Die Diagnostik darf kein anderes Ziel haben als die Suche nach dieser Krankheit bzw. den entsprechenden Mitteln der Prävention und Behandlung. Sie darf nur in einer speziell hierfür zugelassenen Einrichtung durchgeführt werden. Weiterhin müssen interessierte Paare mindestens zwei Jahre zusammenleben und ihre Zustimmung zum Embryonentransfer geben, wie es durch Art. L2141–2 des Code de la Santé Publique vorgesehen ist. Die Genehmigung für PID-Verfahren erteilt die »Commission nationale de médecine et de biologie de la reproduction et du diagnostic prénatal«.

Nach der Novellierung bestehen diese Voraussetzungen fort. Die Zulassung der Einrichtungen ist allerdings von der *Commission nationale de médecine et de biologie de la reproduction et du diagnostic prénatal* auf die neu gegründete *Agence de la biomédicine* übergegangen, deren Konzeption offenbar dem britischen Modell folgt.

Einschlägige Regelungen:
- Loi n° 2004–800 du 6 août 2004 relative à la bioéthique vom 6. August 2004.
- Code de la santé publique.
- Code pénal.

[Alle Regelungen unter http://www.legifrance.gouv.fr/ [08. Mai 2006] abrufbar.]

1.7 Griechenland

Im Jahr 1998 wurde in Griechenland die Nationale Bioethikkommission eingesetzt. Aufgabe der Kommission ist es, ethische, rechtliche und soziale Aspekte im Bereich der Biomedizin zu diskutieren und Ratgeber im Gesetzgebungsprozess zu sein.[11] Am 21. Dezember 2001 hat die Nationale Bioethikkommission eine Stellungnahme »Zur Verwendung von Stammzellen in Biomedizin und Klinischer Medizin« abgegeben. Die zu behandelnden Themenfelder sind jedoch noch nicht Gegenstand gesetzgeberischen Handelns geworden. Demzufolge gibt es bisher noch kein Gesetz, das Embryonenforschung bzw. die Forschung mit humanen embryonalen Stammzellen regelt. *Law 3098 on Medical Assisted Reproduction* führt neben verschiedenen Änderungen familienrechtlicher Art auch ein Verbot des reproduktiven Klonens in Art. 1455 des griechischen Bürgerlichen Gesetzbuches ein und verbietet zudem die Geschlechtswahl des zukünftigen Kindes durch die Eltern. Dies gilt indessen nicht für die Verhinderung schwerer geschlechtsbezogener Erbkrankheiten. Durch eine Änderung des Art. 26 des griechischen Strafgesetzbuchs durch das Gesetz Nr. 3305/2005 wird das reproduktive Klonen zudem mit 15 Jahren Freiheitsstrafe bedroht. Darüber hinaus gibt es lediglich ein Gesetz (Nr. 1036/1980), welches sich mit Pränataldiagnostik *in utero* befasst.

Bezüglich der Forschung an Embryonen gelten in Abwesenheit weiterer gesetzlicher Regelungen die einschlägigen Artikel des *Übereinkommens über Menschenrechte und Biomedizin* des Europarates, soweit die Normen als »self-executing« zu qualifizieren sind, unmittelbar.[12] Die in diesem Zusammenhang vom Zentralrat für Gesundheitsfragen erlassenen Rahmenrichtlinien sehen Folgendes vor:

– die Forschung an Embryonen ist nur während der ersten 14 Tage nach der Befruchtung zulässig,
– das Einverständnis der Eltern muss vorliegen,
– das zuständige Ethikkomitee muss das Vorhaben billigen,
– ›überzählige‹ Embryonen müssen zunächst aufbewahrt und dürfen nicht sofort zerstört werden,
– die Embryonen dürfen nicht länger als ein Jahr aufbewahrt werden.

---

[11] Vgl. dazu die Webseite der griechischen Nationalen Bioethikkommission: http://www.bio ethics.gr/ [08. Mai 2006].
[12] Vgl. Kapitel II. 1 in diesem Band. Im Falle des Art. 18 Abs. 1 des *Übereinkommens über Menschenrechte und Biomedizin* ist allerdings nicht davon auszugehen, dass die Norm *self-executing* ist, da es ihr an Bestimmtheit fehlt.

Wie dargelegt gibt es keine einschlägige Gesetzgebung zur Frage der Stammzellforschung in Griechenland. Der Gewinnung von Stammzellen steht kein rechtliches Hindernis entgegen, sofern die Methoden der Gewinnung mit den einschlägigen Artikeln des Menschenrechtsübereinkommens zur Biomedizin vereinbar sind. Maßgeblich sind außerdem die Rahmenrichtlinien zur Forschung an Embryonen.

Mangels eigener rechtlicher Vorschriften zu diesem Problemfeld kann auch die Zulässigkeit des therapeutischen Klonens in Griechenland nur am Maßstab des Menschenrechtsübereinkommens zur Biomedizin beurteilt werden. Das Abkommen wurde vom griechischen Parlament am 06. Oktober 1998 ratifiziert und trat am 01. Dezember 1999 in Kraft. Auch das Zusatzprotokoll wurde ratifiziert und ist am 01. März 2001 in Kraft getreten. Beides dürfte in Griechenland mithin geltendes Recht sein. Die Frage, ob das Menschenrechtsübereinkommen zur Biomedizin und das Zusatzprotokoll das therapeutische Klonen verbieten, ist umstritten.[13] Mit der Ministerentscheidung Φ.0546/1/ΑΣ 723/ M.4898 wurde das Zusatzprotokoll in das griechische Recht inkorporiert und dadurch das reproduktive Klonen verboten. Darüber hinaus verbieten zwei Gesetze aus den Jahren 2002 und 2005 das reproduktive Klonen ausdrücklich und bedrohen es mit Freiheitsstrafe (s. o.).

PID ist in Griechenland mangels entgegenstehenden Rechts zulässig. Die zur Durchführung infrage kommenden Zentren müssen gemäß Gesetz Nr. 1036/1980 (welches sich vorwiegend mit PND *in utero* befasst) durch das Gesundheitsministerium zur Durchführung autorisiert sein. Entsprechende Diagnosen dürfen nur von einem Arzt nach ausführlicher Untersuchung und freier, informierter Zustimmung des Paares gestellt werden. Obwohl diese Vorschriften die PID nicht unmittelbar berühren, sind alle Stellen, die für die Durchführung von PID infrage kommen, zugleich von den genannten Vorschriften betroffen. Es ist insofern eine mittelbare Ausstrahlung der Vorschriften gegeben (wenn nicht sogar eine analoge Anwendung in Betracht kommt).

Einschlägige Regelungen:

– Law 3098 on Medical Assisted Reproduction von 1992. [http://www.bioethics.gr/media/pdf/biolaw/human/law_3089_en.pdf [23. Mai 2007]].
– Law 3305/2005. [Das genannte Gesetz liegt nicht in englischer Sprache vor. Bezug genommen wird hier auf eine Auskunft auf den Internetseiten der Nationalen Ethik-

---

[13] Für die weitere Darstellung des Streites sei auf die späteren Ausführungen zum Übereinkommen verwiesen (Vgl. Kapitel II. 1).

kommission von Griechenland. [http://www.bioethics.gr/document.php?category_ id=68&document_id=293 [08. Mai 2006]].

1.8 Großbritannien

Grundlage für den Entwurf des *Human Fertilisation and Embryology Act* von 1990 war der *Report of the Committee of Inquiry into Human Fertilisation and Embryology* von 1984 unter Vorsitz von Mary Warnock. Aus diesem geht hervor, dass der menschliche Embryo als Forschungsgegenstand nicht mit anderen Lebewesen gleichzusetzen ist; ihm wird vielmehr ein *special status* zugesprochen. Damit verbindet sich ein einhelliges Votum für seinen rechtlichen Schutz. Uneinigkeit besteht bei den Kommissionsmitgliedern aber über Natur und Umfang des Schutzes. Die Mehrheit spricht sich für einen eingeschränkten Schutz aus, der Forschung an Embryonen innerhalb der ersten 14 Tage der Embryonalentwicklung unter bestimmten Bedingungen erlauben soll. Im Mittelpunkt des Votums der Kommission steht *nicht der Personbegriff*, sondern das Kriterium der *Individuation*. Denn da sich nach der Entwicklung des Primitivstreifens keine eineiigen Zwillinge mehr ausbilden können, beginnt aus Sicht der Kommission zu diesem Zeitpunkt – der auch der Zeitpunkt der Nidation ist – die Individualentwicklung. Die Kommission empfiehlt, den Respekt vor dem Embryo und die Vorteile, die aus der Embryonenforschung entstehen, gegeneinander abzuwägen (Güterabwägung) und gleichwohl die Embryonenforschung für definierte Zwecke zu erlauben. Das *Minderheitenvotum* im Kommissionsbericht lehnt diesen Vorschlag ab, da es nicht vertretbar sei, etwas zu erzeugen, das das Potenzial habe, sich zu einer menschlichen Person zu entwickeln. Daher spricht sich das Minderheitenvotum gegen Embryonenforschung aus und fordert, Embryonen grundsätzlich gesetzlich zu schützen. Die Hochrangigkeit der Forschungsziele (Entwicklung neuer Therapieformen) stand auch im Mittelpunkt der Empfehlung des Berichts *Stem Cell Research: Medical Progress with Responsibility*, welcher im Auftrag der britischen Regierung von einer Expertenkommission verfasst und am 16. 8. 2000 der Öffentlichkeit zugänglich gemachte wurde. Dies hat zur Erweiterung der Zwecksetzungen der Embryonenforschung in Anhang 2 des *Human Fertilisation and Embryology Act* geführt.

Im November 2001 hat ein britisches Verwaltungsgericht entschieden, dass das Klonen mittels SCNT, sei es für die Erzeugung von Stammzellen, sei es für Zwecke der Reproduktion, nicht in den Anwendungsbereich des *Human Fertilisation and Embryology Act* fällt. Ein durch Zellkerntransplantation erzeugter Embryo werde nicht von der Definition des Embryos in § 1 (1) des HFE Act, wonach ein Embryo im Rechtssinne nur durch Befruchtung entstehen kann, erfasst. Die britische Regierung legte Berufung gegen die Entscheidung des Verwaltungsgerichts ein, um eine Einbeziehung der Transplantation von Körperzellkernen in den Anwendungs-' bereich des *Human Fertilisation and Embryology Act* von 1990 zu erwirken und um zu vermeiden, dass hinsichtlich dieser Methode eine rechtliche Regelungslücke besteht. Das Berufungsgericht hob die Entscheidung am 18. Januar 2002 tatsächlich auf und verweigerte die Revisionszulassung zum House of Lords, womit diese Entscheidung unanfechtbar geworden ist. Demzufolge fällt ein durch SCNT erzeugter Organismus in den Anwendungsbereich der Definition des Embryos im Sinne von § 1 (1) des *Human Fertilisation and Embryology Act*. Mithin ist auch therapeutisches Klonen vom Anwendungsbereich des Gesetzes erfasst. Am 04. Dezember 2001 wurde in Großbritannien in Ergänzung zu den genannten Regelungen der *Human Reproductive Cloning Act 2001* verabschiedet, welcher reproduktives Klonen ausdrücklich unter Strafe stellt.

Die britischen Bestimmungen zur Forschung an Embryonen sind ebenfalls im *Human Fertilisation and Embryology Act* niedergelegt. Embryonenforschung ist in Großbritannien seit 1990 innerhalb der ersten 14 Tage der Embryonalentwicklung oder bis zur Bildung des Primitivstreifens erlaubt, aber an Lizenzen gebunden. Auch für die Erzeugung durch Befruchtung *in vitro* und durch Kerntransfer ist eine Lizenz erforderlich. Als Embryo wird dabei eine lebende Eizelle definiert, welche befruchtet wurde oder sich im Vorgang der Befruchtung befindet (§ 1). Die Lizenzbehörde vertritt dabei den (gerichtlich bestätigten s. o.) Standpunkt, dass der Transfer von Zellkernen in somatische Zellen ebenfalls von dieser Definition erfasst ist.

Neben der schon erwähnten Beschränkung von Forschung an Embryonen auf den Zeitraum bis maximal 14 Tage nach Befruchtung und der Notwendigkeit der Zustimmung durch die Erzeuger (soweit überschüssige IVF-Embryonen verwendet werden) liegt die wesentliche Beschränkung der genannten Verfahren in der Lizenzvergabe und Aufsicht durch die *Human Fertilisation and Embryology Authority* (HFEA). Neben der Bindung dieser Behörde an die Bestimmungen des *Human Fertilisation and Embryology Act* ist von einer gewissen Selbstbindung durch von der Behörde selbst erlassene Richtlinien und ihre (darauf beruhende) Verwaltungspraxis auszugehen. Dennoch besteht ein nicht unerheblicher Ermessensspielraum.

Die Frage, ob die Herstellung menschlicher Embryonen durch Zellkerntransfer im Rahmen der Stammzellforschung erlaubt werden soll, wurde zuerst 1998 durch den Bericht der *Human Genetics Advisory Commission* und der *Human Fertilisation and Embryology Authority (Cloning issues in reproduction, science and medicine)* angestoßen. Die Breite der Diskussion ist in den Diskussionspapieren der *Royal Society*[14] wiedergegeben. In dem Bericht *Stem Cell Research: Medical Progress with Responsibility* (August 2000)[15] der Expertengruppe unter Leitung des *Chief Medical Officer* Liam Donaldson, die von der britischen Regierung eingesetzt worden ist, wird eine Erweiterung der im Gesetz von 1990 aufgeführten Forschungsziele empfohlen. Die britische Regierung hat sich in der *Government Response* dieser Auffassung prinzipiell angeschlossen. Das britische Unterhaus hat daraufhin am 19. Dezember 2000, das britische Oberhaus am 22. Januar 2001 einer entsprechenden Erweiterung der rechtlichen Regelungen zugestimmt, welche schließlich am 31. Januar 2001 in Kraft getreten ist. Die zentralen Regelungen sind im Einzelnen:

- Versuche an Embryonen sind ausschließlich nach Erhalt einer entsprechenden Lizenz durch die HFEA möglich. Anhang 2 des Gesetzes regelt die Lizenzen zur Lagerung, zum Umgang mit und Forschung an Embryonen.
- § 3 (1) (a) erlaubt die Erzeugung von Embryonen für Forschungszwecke unabhängig davon, ob die Embryonen durch IVF oder Kerntransfer erzeugt werden.
- § 3 (2) (a-e) listet fünf Forschungsziele als notwendige Bedingungen für die Lizenzvergabe auf:
  (a) Verbesserung der Infertilitätsbehandlung (IVF),
  (b) Gewinnung von Kenntnissen hinsichtlich der Ursachen von Fehlgeburten,
  (c) Gewinnung von Kenntnissen hinsichtlich der Ursachen von Erbkrankheiten,
  (d) Entwicklung wirksamerer Verhütungsmethoden sowie
  (e) Entwicklung von Methoden zur Entdeckung von Gen- oder Chromosomenanomalien vor der Implantation (PID).

Die 2001 in Kraft getretene *Ergänzung* in Anhang 2 des *Human Fertilisation and Embryology Act* erlaubt der HFEA zusätzlich eine Lizenzvergabe zur Herstellung von Embryonen zur Forschung für folgende Zwecksetzungen:
- Gewinnung von Kenntnissen über die Entwicklung von Embryonen,

---

[14] Royal Society 1998; Nuffield Council on Bioethics 2000.
[15] Abrufbar unter: http://www.dh.gov.uk/PublicationsAndStatistics/Publications/PublicationsPolicyAndGuidance/PublicationsPolicyAndGuidanceArticle/fs/en?CONTENT_ID=4065084&chk=IgquYC [08. Mai 2006].

- Gewinnung von Kenntnissen über schwere Krankheiten sowie
- Transfer derartigen Wissens in die Entwicklung der Behandlung schwerer Krankheiten.

Mit dieser Ergänzung wird in Großbritannien nicht erst seit 2001 der Kerntransfer erlaubt. Dieser war im Rahmen der Herstellung von Embryonen für Forschungszwecke schon zuvor nicht verboten. Es lagen bis dahin lediglich keine Anträge bei der HFEA vor. Vielmehr werden durch die Ergänzung die Zwecke der Embryonenforschung durch die *Regelungen der Lizenzvergabe im Anhang 2* erweitert.

In dem Bericht *Stem Cell Research: Medical Progress with Responsibility* (August 2000) sind zusätzlich noch folgende Empfehlungen hinsichtlich der hES-Zellforschung bzw. des therapeutischen Klonens enthalten:

- Empfehlung 9 rät zur Einrichtung eines Forschungsprogramms zur Stammzellforschung, sowohl an adulten als auch an embryonalen Stammzellen.
- Empfehlung 4 rät, SCNT-Forschung zur Entwicklung von Therapieformen für Frauen mit mitochondrialen Krankheiten, so dass das durch IVF entstandene Kind die DNA der Eltern sowie der (gesunden) Eizellenhüllen-Spenderin hätte.
- Empfehlungen 5, 7, 8 raten zur begleitenden Überwachung des so genehmigten Verfahrens, um zu prüfen, ob die derzeitigen Erwartungen eingelöst werden; sie sprechen ein generelles Verbot hinsichtlich des reproduktiven Klonens aus und raten, durch HFEA und HGC prüfen zu lassen, ob zusätzliche Regelungen notwendig sind.

Der im Januar 2001 am Oberhaus eingerichtete Ausschuss zur Stammzellforschung *(Select Committee on Stem Cell Research)* hat in seinen *Issues for Consideration* vom 7. März 2001 durch seinen Vorsitzenden deutlich gemacht, dass genau zu beobachten sei, ob die bestehenden gesetzlichen Regelungen ausreichend sind, um Dammbrüche in Richtung reproduktives Klonen zu verhindern. Am 13. Februar 2002 legte der Ausschuss Empfehlungen zum Umgang mit Forschungsvorhaben vor. Der Bericht wurde von der britischen Regierung und den wissenschaftlichen Einrichtungen in Großbritannien begrüßt.[16] Forschung an humanen embryonalen Stammzellen soll danach unter strikten Regeln erlaubt sein. Der Bericht spricht sich unter den Voraussetzungen des *Human Fertilisation and Embryology Act*

---

[16] Empfehlungen abrufbar unter: http://www.publications.parliament.uk/pa/ld200102/ldse lect/ldstem/83/8302.htm [08. Mai 2006].

auch für die Möglichkeit des therapeutischen Klonens aus. Gemäß dem *Human Fertilisation and Embryology Act* von 1990 kann eine Forschungs- oder Behandlungslizenz jedoch nicht dazu autorisieren, die genetische Struktur von Zellen, welche noch Teil eines Embryos sind, zu verändern. Der *Human Reproductive Cloning Act 2001* verbietet reproduktives Klonen ausdrücklich. Zuwiderhandlungen werden mit bis zu zehn Jahren Gefängnis bestraft.

Die PID ist an den lizenzierten Zentren in Großbritannien seit 1990 erlaubt. Die zuständige Behörde, die *Human Fertilisation and Embryology Authority* (HFEA), arbeitet nach im *Human Fertilisation and Embryology Act* (1990) vorgegebenen Verfahren und kann selber im Rahmen der Gesetzgebung Richtlinien für die PID erstellen. Nach Anhang 2 § 3 (2) (e) im *Human Fertilisation and Embryology Act* kann eine Lizenz gewährt werden, wenn das Entdecken von genetischen oder chromosomalen Abnormalitäten im Embryo vor der Implantation notwendig oder wünschenswert ist. Nach § 8.9 des HFEA *Code of Practice* (2004) ist eine nicht medizinisch indizierte Geschlechtsauswahl inakzeptabel.

Das Gesundheitsministerium hat am 17. Mai 2007 einen Entwurf zur Revision des *Human Fertilisation and Embryology Act* vorgelegt[17]. Die Novelle sieht unter Anderem die Zusammenlegung der HFEA und der *Human Tissue Authority* zu einer neuen Behörde, der *Regulatory Authority for Tissue and Embryos* vor. Zudem soll die Herstellung von Interspezies-Embryonen und die Forschung an ihnen bis zum 14. Tag gestattet werden. Das Gesetz würde allerdings verbieten, derartige Embryonen in den Uterus einer Frau oder eines Tieres zu implantieren.

Auch die HFEA hat im September 2007 grundsätzlich entschieden, dass die Gewinnung und Erforschung von embryonalen Tier/Mensch-Mischwesen im Einzelfall genehmigt werden kann.[18]

Einschlägige Regelungen:

- Human Fertilisation and Embryology Act 1990. [http://www.legislation.hmso.gov.uk/acts/acts1990/Ukpga_19900037_en_1.htm [08. Mai 2006]].
- Code of Practice der HFEA 2004. [http://www.hfea.gov.uk/docs/Code_of_Practice_Sixth_Edition_-_final.pdf [23. Mai 2007]].
- Ergänzung von § 3 Anhang 2 des Human Fertilisation and Embryology Act 2001.
- Human Reproductive Cloning Act 2001
  [http://www.uk-legislation.hmso.gov.uk/acts/acts2001/20010023.htm [08. Mai 2006]].

---

[17] Erhältlich unter http://www.dh.gov.uk/en/Publicationsandstatistics/Publications/PublicationsLegislation/DH_074718 [06. Juni 2007].
[18] Nachzulesen unter http://www.hfea.gov.uk/en/1581.html [11. September 2007].

1.9 Irland

Die irische Rechtslage ist insofern ungewöhnlich, als sie sich nicht aus nationalen Gesetzen oder Rechtsverordnungen ergibt, sondern direkt aus der Verfassung. Eine Definition des Begriffes »Embryo« existiert nicht. Art. 40.3.3 des achten Verfassungszusatzes konstatiert, dass »… der Staat das Recht der Ungeborenen anerkennt … und garantiert in seinen Gesetzen, dieses Recht zu respektieren … zu verteidigen und zu behaupten«. Während der Schutz ungeborenen Lebens an so exponierter Stelle des Rechtssystems im europäischen Vergleich einzigartig ist und zweifelsohne eine hohe Barriere gegen Eingriffe am Embryo errichtet, hängt dieser hohe Schutzstandard andererseits von der Definition der verwendeten Rechtsbegriffe ab. So stellt sich die Frage, ob der Begriff des »Ungeborenen« nur den *in vivo* gezeugten Embryo oder auch den *in vitro* erzeugten umfasst. Soweit ersichtlich gibt es keine sonstigen Verfassungsnormen oder einfachen Gesetze, die einen Hinweis für die Auslegung geben. Angesichts der Vagheit der genannten Norm kommt der jeweils herrschenden juristischen Lehrmeinung erhebliche Bedeutung bei der Bestimmung der Reichweite des Schutzbereichs zu. Ansonsten hängt die Reichweite des Schutzbereichs von autoritativen Entscheidungen der Gerichte ab. So ist es durchaus denkbar, den Begriff des »Ungeborenen« so zu bestimmen, dass einige Praktiken vom Schutzbereich nicht erfasst werden.

Da der Umfang der eingeräumten Rechte aus dem Wortlaut des Art. 40.3.3 nicht direkt ermittelt werden kann, ist die Bestimmung des Schutzbereiches nicht ohne Weiteres möglich. Die Auslotung des Schutzbereichs unter Heranziehung juristischer Auslegungstechniken würde den Rahmen dieses Rechtsvergleichs verlassen. Es wird im Folgenden von einem sehr weiten Verständnis des Schutzbereiches ausgegangen. Dies entspricht auch den Informationen des *Irish Council for Bioethics*. Dort geht man davon aus, dass ein Fall von Embryonenforschung oder Klonen für unrechtmäßig erklärt würde, würde er vor einem Gericht verhandelt werden.

Des Weiteren werden die Richtlinien des *Medical Council* herangezogen, welche einen zusätzlichen Hinweis auf die weite Auslegung des in Art. 40.3.3 gewährten Schutzes ungeborenen Lebens liefern.[19] Diese

---

[19] Angesichts der rechtsdogmatischen Schwierigkeit, Verfassungsrecht durch niederrangige Normen auszulegen, kann das den Richtlinien des *Medical Council* zugrunde liegende Rechtsverständnis nur als Hinweis auf eine verbreitete Rechtsauffassung verstanden werden und nicht als autoritative Auslegung dienen.

Richtlinien gelten allerdings nur für approbierte Ärzte und entfalten keine Bindungswirkung für andere Personen (etwa Molekularbiologen), welche in den einschlägigen Bereichen tätig sind. Die Rechtsprechung des Irischen Obersten Gerichtshofes liefert keinen klaren Anhaltspunkt für den genauen Umfang der Rechte des Ungeborenen. Es wird allerdings festgestellt, dass »... das Recht des Ungeborenen, nicht zerstört zu werden ...« von Art. 40.3.3 mit umfasst ist.[20]

Forschung an Embryonen ist nicht ausdrücklich verboten. Die herrschende Meinung leitet aus den einschlägigen Verfassungsnormen jedoch ein entsprechendes Verbot ab. Die Richtlinien des *Medical Council* Sect. 24.5 sehen zudem vor, dass alle befruchteten Eizellen zu implantieren sind und nicht vorsätzlich zerstört werden dürfen. Der Arzt wird zudem in Sect. 24.1 an seine Verpflichtung »... to preserve life and to promote health« gemahnt. Es wird festgestellt, dass: »... the deliberate and intentional destruction of in-vitro human life already formed is professional misconduct«. Dieser Regelung zufolge kann es (zumindest innerhalb des Regelungsbereiches der Richtlinie, s. o.) keine ›überzähligen‹ IVF-Embryonen geben.

In Bezug auf reproduktives und therapeutisches Klonen ist die Rechtslage unklar, da die Auslegung des *Control of Clinical Trials Act* von 1987 und des *Control of Clinical Trials and Drugs Act* von 1990 umstritten ist. Ein explizites Klonverbot existiert nicht, aber auch diesbezüglich muss von einer weiten Fassung der Rechte des Embryos ausgegangen werden.

Nach der vorherrschenden Rechtsauffassung ist PID aufgrund der dargelegten verfassungsrechtlichen Schutzstandards unzulässig.

Angesichts des Fehlens einschlägiger, eindeutiger rechtlicher Regelungen im Bereich biomedizinischer Ethik wurde 2000 durch das Gesundheitsministerium eine *Commission on Assisted Human Reproduction* ins Leben gerufen. Diese hat im März 2005 eine Empfehlung zur Regulierung im Bereich der künstlichen Befruchtung und Embryonenforschung abgegeben[21]. Hierin ist unter anderem die Empfehlung enthalten, die Forschung an ›überzähligen‹ Embryonen unter genau kontrollierten und restriktiven Bedingungen zuzulassen wie auch die PID zur Diagnose schwerer Erbkrankheiten. Die Auswirkungen dieser Empfehlung auf die Auslegung der bestehenden Rechtsnormen und die zukünftige gesetzgeberische Tätigkeit ist schwer abzuschätzen.

---

[20] So in McGee vs. Attorney General 1974, einschränkend aber bezüglich des Verhältnisses Kindsrechte gegen Rechte der Mutter Attorney General vs. X 1992; aus Eser / Koch 1999: 134; Fn. 17 m. w. Nachw.
[21] Erhältlich unter http://www.dohc.ie/publications/pdf/cahr.pdf?direct=1 [08. Mai 2006].

Einschlägige Regelungen:

- Art. 40.3.3 des 8. Zusatzes der Irischen Verfassung. [http://www.taoiseach.gov.ie/at tached_files/Pdf%2ofiles/Constitution%2oof%2oIreland.pdf [23. Mai 2007]].
- Control of Clinical Trials Act (1987). [http://www.irishstatutebook.ie/1987/en/act/ pub/0028/index.html [23. Mai 2007]].
- Control of Clinical Trials and Drugs Act (1990). [http://acts.oireachtas.ie/ zza17y1990.1.html [23. Mai 2007]].
- Medical Council of Ireland: »A Guide to Ethical Conduct and Behaviour« (2004). [http://www.medicalcouncil.ie/_fileupload/standards/Ethical_Guide_6th_Edition. pdf [23. Mai 2007]].

1.10 Italien

Seit 1997 hat es in Italien mehrere Versuche gegeben, die gentechnische Forschung und Praxis sowie die Patentierung bio- und gentechnologischer Erfindungen rechtlich unter Berücksichtigung ethischer Aspekte zu regeln. Wegen regierungsinterner Differenzen, aber auch einer intensiven öffentlichen Debatte über Grenzen und Möglichkeiten der Gentechnik konnten lange allerdings nur datenschutzrechtliche Fragen gesetzlich geregelt werden. Nach den Parlamentswahlen am 13. Mai 2001 ging vom Gesundheitsministerium am 25. Juli 2001 eine Verordnung aus, die den Import und Export von Embryonen und Gameten zunächst bis zum 31. Dezember 2001 regelte. Diese Verordnung wurde wiederholt bis zum 30. Juni 2002 verlängert, indes zu keinem Zeitpunkt vom Parlament bestätigt. Im Jahr 1999 wurde jedoch gerichtlich entschieden, dass eine bloße Verordnung ohne gesetzliche Basis wissenschaftliche Forschung nicht rechtsverbindlich untersagen könne.

Das Nationale Bioethikkomitee hat zwischen 1996 und 2000 diverse Stellungnahmen und Empfehlungen zur Embryonen- und Stammzellforschung abgegeben, die bisher jedoch nicht in ein Gesetz zu münden vermochten. Das Komitee hat sich zu beiden Bereichen positiv geäußert und es nicht als ethisch verwerflich erachtet, abgetriebene oder ›überzählige‹ IVF-Embryonen zu Forschungszwecken zu verwenden. Die Herstellung von Embryonen zu Forschungszwecken und das therapeutische Klonen werden von der Mehrheit des Komitees, reproduktives Klonen von all seinen Mitgliedern abgelehnt.[22]

Mit Verabschiedung der *Norme in materia di procreazione medicalmente*

---

[22] Vgl. die Webseite des Nationalen Bioethikkomitees unter: http://www.governo.it/bioetica [08. Mai 2006].

assistita am 11. Dezember 2003 sind nun weitreichende Regelungen auf dem Gebiet der Reproduktionsmedizin in Kraft getreten. Diese Regelungen wurden, vor allem in den Bereichen, welche das Konzept der Familie und alternative Lebensformen betreffen, in Politik, Gesellschaft sowie seitens der Kirche höchst kontrovers diskutiert. Die Regelungen mit Bezug zur Embryonen- und Stammzellforschung, zum Klonen und zur PID sehen zusammengefasst Folgendes vor:

Experimente an Embryonen sind verboten und Zuwiderhandlungen werden mit hohen Geldstrafen, Berufsverbot oder Freiheitsstrafe zwischen zwei und sechs Jahren bedroht. Eine Ausnahme hiervon gilt nur, wenn die Untersuchung bzw. das Experiment ausschließlich diagnostische und therapeutische Zwecke zugunsten des individuellen Embryos verfolgt und zudem keine alternativen Verfahren in Betracht kommen (Art. 13 Nr. 1 und 2).

Die Erzeugung von Embryonen zu Forschungszwecken ist untersagt (Art. 13 Nr. 3).

Ebenso sind das therapeutische Klonen und andere Formen des Klonens zu Forschungs-, Therapie- oder Reproduktionszwecken verboten (Art. 13 Nr. 4).

Unter ausdrücklichem Hinweis darauf, dass die Regelung über die Abtreibung unberührt bleibe, wird die Verwendung von Embryonen und deren Kryokonservierung zu einem anderen Zweck als dem der späteren Übertragung auf die Mutter, verboten. Zugleich wird verboten, mehr Embryonen zu erzeugen, als sofort und gleichzeitig auf die Mutter übertragen werden können (Art. 14 Nr. 1 und 2). Insgesamt dürfen nie mehr als drei Embryonen pro IVF-Versuch erzeugt werden.

Die Zulässigkeit von PID gemäß diesem Gesetz ist umstritten. Einige Stimmen wollen den Hinweis auf die (ausnahmsweise) zulässige Abtreibung in Art. 14 Nr. 1 so deuten, dass PID unter denselben Voraussetzungen zulässig sei wie ein freiwilliger Schwangerschaftsabbruch. Die Mehrzahl der Juristen und Reproduktionsmediziner hingegen scheint PID für unzulässig zu halten, und zwar vor allem unter Hinweis auf das Erfordernis der Individualnützigkeit für Eingriffe am Embryo aus Art. 13 Nr. 2.

Unter der neuen italienischen Regierung mit Ministerpräsident Prodi gibt es Anzeichen einer Bestrebung zur Liberalisierung der Regelungen zu Embryonenschutz und Stammzellforschung. Erstes Indiz hierfür ist das Umschwenken der italienischen Regierung in Fragen der Forschungsförderung für Projekte mit humanen embryonalen Stammzellen auf EU-Ebene. Angesichts der mangelnden Unterstützung, welche die Novellierung der Gesetzgebung von 2003 anlässlich eines Referendums zur Liberalisierung der künstlichen Befruchtung und Embryonenforschung im Jahr 2005 in der italienischen Bevölkerung fand, ist jedoch der Erfolg etwaiger Novellierungsbestrebungen zweifelhaft. Mit nur circa 25% Befürworten verfehlte das Referendum deutlich die notwendige absolute Mehrheit. Dem Referendum vorausgegangen waren Boykottaufrufe aus Kreisen der katholischen Kirche und konservativer Politiker. Äußerungen des Forschungsministers Fabio Mussi, die eine Liberalisierung der bislang geltenden Regelungen in Aussicht stellten, wurden auch in Kreisen der Regierungskoalition uneinheitlich aufgenommen.

Einschlägige Regelungen:
– Norme in materia di procreazione medicalmente assistita von 2003.

[Es liegt keine vollständige autorisierte englische Übersetzung des Gesetzes vor. Die vorliegenden Ausführungen beruhen auf einer zusammenfassenden englischen Autorenübersetzung des zentralen Art. 13 und den Ausführungen des »Berichtes des Ausschusses für Bildung, Forschung und Technikfolgenabschätzung: Sachstandsbericht Präimplantationsdiagnostik – Praxis und rechtliche Regulierung in sieben ausgewählten Ländern« vom 30. Juni 2004, Bundestagsdrucksache 15/3500 im Länderbericht Italien S. 43–50.]

1.11 Lettland

In Lettland trat im Juli 2002 das *Law on sexual and reproductive health* in Kraft, welches den Bereich der Reproduktionsmedizin sowie den Schutz des Embryos regelt.[23] In Art. 16 dieses Gesetzes wird die Erzeugung von Embryonen zu Forschungszwecken und die Erzeugung eines menschlichen Wesens, welches genetisch identisch mit einem anderen (lebendigen oder toten) Menschen ist, untersagt. Die letzte Vorschrift umfasst neben einem Verbot des reproduktiven Klonens wohl auch das therapeutische. Zulässig ist die Forschung an ›überzähligen‹ Embryonen, soweit festgestellt wird, dass es keine alternativen Forschungsmethoden gibt und ein positives Votum einer Ethikkommission sowie die Zustimmung der Gametenspender vorliegt. Es ist den verfügbaren Quellen nicht zu entnehmen, ob die Vorschriften des *Law on sexual and reproductive health* strafbewehrt sind. Zur PID konnten, trotz intensiver Recherche, keine einschlägigen Regelungen gefunden werden. Fraglich ist, ob daraus geschlossen werden kann, dass PID zulässig ist. Unter den Vorgaben des

---

[23] In ähnlicher Weise äußern sich auch Wheat / Matthews (o. J.).

Art. 16 des *Law on sexual and reproductive health* ist die Gewinnung von und Forschung an humanen embryonalen Stammzellen zulässig. Die Embryonenforschung wird im Näheren durch Bestimmungen des lettischen Ministry of Welfare geregelt.

Einschlägige Regelungen:
– Law on sexual and reproductive health vom Juli 2002.

[Soweit recherchiert werden konnte, existiert keine englische Übersetzung dieses Gesetzes. Die oben stehenden Ausführungen beziehen sich im Wesentlichen auf eine englische Zusammenfassung der Kerninhalte dieses Gesetzes, erhältlich unter http://www.glphr. org/genetic/europe?–7.htm [08. Mai 2006]].

1.12 Litauen

Der Gesamtbereich der biomedizinischen Forschung wird in Litauen durch das *Law on ethics of biomedical research* geregelt. Das Regelwerk, das auch die Rolle der Ethikkommissionen bei biomedizinischer Forschung am Menschen regelt und die litauische Rechtslage in Übereinstimmung mit der ICH-GCP-Richtlinie der EU (2001/20/EG) bringt, befasst sich unter anderem mit dem Schutz des Embryos.

Art. 3 Abs. 2 *Law on ethics of biomedical research* stellt klar, dass jegliche Form invasiver Forschung an Embryonen oder die Erzeugung von Embryonen zu Forschungszwecken verboten ist. Individualnützige nicht-invasive Forschung an Embryonen ist nur dann zulässig, wenn die medizinischen Risiken in einem angemessenen Verhältnis zu dem erwarteten Vorteil für den Embryo stehen. Die Gewinnung embryonaler Stammzellen aus Embryonen und PID sind somit in Litauen unzulässig, die Vorschriften aber nicht als solche strafbewehrt. Art. 18 Abs. 1 *Law on ethics of biomedical research* verweist bezüglich der rechtlichen Konsequenzen des Verstoßes gegen die Vorschriften des Gesetzes auf andere gesetzliche Bestimmungen.[24] Art. 18 Abs. 2 stellt darüber hinaus klar, dass Forschung, die ohne Zustimmung der Untersuchten oder nicht in Übereinstimmung mit den Vorschriften dieses oder anderer Gesetze durchgeführt wurde, unbeschadet weiterer rechtlicher Konsequenzen im Fall der Beschädigung der

---

[24] Angesichts des Fehlens englischsprachiger Rechtstexte erlaubte die Quellenlage es nicht, diesem Rechtsfolgenverweis nachzugehen. Der Formulierung kann allerdings entnommen werden, dass damit sowohl zivil- als auch strafrechtliche Sanktionen angesprochen sind.

Gesundheit des Untersuchten, als ärztliches Fehlverhalten zu werten ist. Ein Verstoß würde insofern, neben möglichen zivil- und strafrechtlichen, auch standesrechtliche Konsequenzen bis hin zu einem möglichen Verlust der Approbation nach sich ziehen. Zudem scheint auch der Import humaner embryonaler Stammzellen in Litauen verboten zu sein[25], so dass kein Raum für die Forschung an hESZ verbleibt.

Einschlägige Regelungen:
- Law on ethics of biomedical research no. VIII-1679 vom 11. Mai 2000. [http://www3.lrs.lt/pls/inter3/dokpaieska.showdoc_l?p_id=148740 [23. Mai 2007]].

1.13 Luxemburg

Es gibt in Luxemburg derzeit kein Gesetz, das sich mit Embryonen- oder Stammzellforschung befasst, was darauf zurückzuführen ist, dass diese Art von Forschung nicht in Luxemburg betrieben wird. Im Februar 2002 folgte die Regierung Luxemburgs dem Vorschlag des Gesundheitsministers, eine formale Stellungnahme der vom Premierminister ernannten Nationalen Ethikkommission zur Frage der Forschung mit ›überzähligen‹ in-vitro-gezeugten Embryonen einzuholen. Wann ein Gesetz zur Regelung der Materie verabschiedet werden wird, kann zum jetzigen Zeitpunkt nicht gesagt werden.[26] Eine Gesetzesinitiative im Jahre 1998, die schon einmal den Umgang mit ›überzähligen‹ Embryonen regeln sollte, mündete nicht in einen Gesetzbeschluss.

Gleichfalls nicht geregelt sind PID sowie das reproduktive und therapeutische Klonen. Luxemburg ist außerdem nur Signatar des *Übereinkommens über Menschenrechte und Biomedizin* des Europarates. Mangels Ratifizierung entfaltet dieses keine rechtliche Bindungswirkung in Luxemburg.

Einschlägige Regelungen:
Bisher sind keine einschlägigen Regelungen verabschiedet worden.

---

[25] Siehe dazu Deutsche Forschungsgemeinschaft 2006: 52 f.
[26] Diese Angaben beruhen auf Informationen aus dem luxemburgischen Gesundheitsministerium.

1.14 Malta

Zum Bereich der biomedizinischen Forschung existieren, soweit recherchierbar, nur Regelungen mit Bezug auf patent- und datenschutzrechtliche Fragen. Mangels entgegenstehender Rechtsnormen müssten somit die Forschung an Embryonen, die Gewinnung embryonaler Stammzellen aus ›überzähligen‹ Embryonen, die Erzeugung von Embryonen zu Forschungszwecken sowie PID und selbst das reproduktive und therapeutische Klonen zulässig sein. Malta ist auch nicht Signatarstaat des *Übereinkommens über Menschenrechte und Biomedizin* des Europarates.

Trotzdem gibt es Indizien dafür, dass die Rechtslage weniger einer bewussten Entscheidung zur Zulassung biomedizinischer Forschung als vielmehr fehlendem praktischen Regulierungsbedürfnis entspringt. So spiegelt insbesondere der Schutz des Embryos *in vivo* in Malta keinesfalls eine Haltung biopolitischen laissez-faires wider. Book First, Part II Title VIII, Subtitle VII SHS Art. 241 – 244 des maltesischen *Criminal code*[27] sprechen ein einschränkungsloses und strafbewehrtes Verbot der Abtreibung aus. Malta gehört somit zu den Ländern mit der restriktivsten Abtreibungsgesetzgebung weltweit. Die maltesische Regierung hat trotz gegenläufiger Empfehlungen im Rahmen der Beitrittsverhandlungen mit der EU sowie des *UN Ausschusses für wirtschaftliche, soziale und kulturelle Rechte* im November 2004 ihre Entschlossenheit bekräftigt, diese Regelung beizubehalten.

Auch hat sich die maltesische Regierung bei verschiedenen Gelegenheiten gegen das Klonen ausgesprochen. Es ist insofern fragwürdig, ob einem entsprechenden Forschungsantrag, soweit er etwa den zuständigen nationalen oder lokalen Ethikkomitees vorgelegt würde, stattgegeben würde.[28] Zudem ist denkbar, dass trotz des Fehlens ausdrücklicher gesetzlicher Regelungen zu der Materie, ein ordnungsrechtlich begründetes Verbot entsprechender Forschungsprojekte greifen könnte. So wäre es z.B. denkbar, dass die zuständigen Instanzen, angesichts der in den oben genannten Regelungen und Stellungnahmen zum Ausdruck kommenden vorherrschenden Werthaltungen, Forschungstätigkeiten unter Berufung auf die öffentliche Ordnung unterbinden würden.

Einschlägige Regelungen:
Bisher sind keine einschlägigen Regelungen verabschiedet worden.

---

[27] Abrufbar unter http://docs.justice.gov.mt/lom/legislation/english/leg/vol_1/chapt9.pdf [08. Mai 2006].
[28] Siehe auch E.U. Network of Experts on Fundamental Rights 2003.

1.15 Niederlande

Vor der Verabschiedung des *Embryos Act* durch das Niederländische Parlament im Juni 2002 gab es in den Niederlanden keine Gesetzgebung in Bezug auf Embryonenforschung. Dennoch forderte das Gesundheitsministerium sämtliche Forschungsprotokolle an, die sich auf Embryonen bezogen, um sie durch das *Central Committee for Research Involving Human Subjects* (CCMO) genehmigen zu lassen. Das CCMO stützte sich bei der Evaluation der Forschungsprojekte auf ein Regierungsmemorandum zur Embryonenforschung von 1995. Dieses Memorandum schloss unter anderem solche embryonale Stammzellforschung aus, die an eigens zu diesem Zweck hergestellten Embryonen vorgenommen wurde. Zulässig war hingegen die Forschung an bereits etablierten Stammzelllinien. Die Forschung an menschlichen Embryonen wird nun durch den *Embryos Act* geregelt, der im Juni 2002 vom niederländischen Parlament angenommen worden war. Unter anderem verbietet das Gesetz, Embryonen zu Forschungszwecken herzustellen.

Im Juni 2002 veröffentlichte der bereits 1902 eingesetzte Gesundheitsrat seinen Bericht *Stem cells for tissue repair*, in dem er sich im Zusammenhang mit Zell- und Gewebeersatzverfahren für die Forschung mit humanen embryonalen Stammzellen ausspricht. Diese Forschung sei für die Entwicklung neuer Zelltherapien bedeutend und müsse langfristig fortgeführt werden, auch an neuen Stammzelllinien.[29]

In Ergänzung zur Forschung an bereits existierenden Stammzelllinien, die bereits vor Juni 2002 zulässig war, ermöglicht der *Embryos Act*, Forschung dergestalt zu betreiben, dass neue embryonale Stammzelllinien aus existierenden Embryonen gewonnen werden können, die nach einer IVF übrig (›überzählig‹) geblieben sind. Die niederländische Gesetzeslage sieht vor, dass die Isolation neuer menschlicher embryonaler Stammzelllinien von ›überzähligen‹ Embryonen während der Dauer von 14 Tagen nach der Befruchtung vorgenommen werden kann, sofern das Einverständnis der Spender vorliegt. Das CCMO muss sämtliche Forschungsprojekte im Zusammenhang mit menschlichen embryonalen Stammzellen sowie die Herstellung neuer menschlicher embryonaler Stammzelllinien überprüfen. Dieses Erfordernis gilt indes nicht für solche Forschungsprojekte, die bereits existierende Stammzelllinien einbeziehen.

Der *Embryos Act* betont das Verbot der Herstellung menschlicher Em-

---

[29] Informationen abrufbar unter: http://www.gr.nl/ [02. August 2007]; der Bericht ist abrufbar unter http://www.gr.nl/pdf.php?ID=429&p=1 [11. Mai 2006.].

bryonen ausschließlich für Forschungszwecke als ein Prinzip von grundlegender Bedeutung. § 24 (a) des *Embryos Act* verbietet die Erzeugung menschlicher Embryonen »speziell zu Forschungszwecken bzw. zu anderen Zwecken als der Einleitung einer Schwangerschaft«. Folglich ist die Erzeugung menschlicher Embryonen zum Zwecke der Isolation neuer embryonaler Stammzelllinien verboten. Nichtsdestotrotz handelt es sich bei diesem Verbot um ein unter Vorbehalt stehendes Verbot, da es durch ein Königliches Dekret gemäß § 33 (2) innerhalb von fünf Jahren nach Inkrafttreten des *Embryos Act* aufgehoben werden kann. Mithin ist es zutreffender, von einem bloßen Moratorium zu sprechen. So enthält der *Embryos Act* bereits Vorkehrungen für den Fall, dass das Verbot aufgehoben werden wird. § 11 sieht hierzu Folgendes vor:

»Die Durchführung von Forschung mit Embryonen, die speziell zu diesem Zweck erzeugt wurden, ist verboten. Dieses Verbot findet keine Anwendung auf Forschung, die mit hoher Wahrscheinlichkeit zu neuen Einsichten in den Bereichen Unfruchtbarkeit, künstliche Reproduktionstechniken, ererbte oder angeborene Krankheiten bzw. Transplantationsmedizin führen wird und die nur anhand von Embryonen im Sinne von Satz 1 vorgenommen werden kann.«

§ 9 sieht vor, dass Erwachsene, »... die in der Lage sind, diesbezüglich eine vernünftige Einschätzung ihrer Interessen abzugeben ...« ihre Körperzellen für die Erzeugung von Embryonen speziell zu folgenden Zwecken zur Verfügung stellen können:

- Anlage embryonaler Zellkulturen, die für die Implantation in Menschen vorgesehen sind, wo dies nur durch die Verwendung von Zellen von speziell erzeugten Embryonen möglich ist.
- Durchführung von Forschung unter Ingebrauchnahme von Embryonen, wie sie in Anwendung dieses Gesetzes zulässig ist.

Unter den genannten Voraussetzungen ist die Gewinnung embryonaler Stammzellen für Forschungszwecke wie auch andere Forschung an Embryonen erlaubt.

Infolge des vorläufigen Verbots bzw. Moratoriums ist die Erzeugung von Embryonen durch die Übertragung von Zellkernen für wissenschaftliche Zwecke (therapeutisches Klonen) in den Niederlanden momentan ausgeschlossen. Für den Fall, dass dieses Verbot aufgehoben wird, wird in Übereinstimmung mit § 11 des *Embryos Act* therapeutisches Klonen dann erlaubt sein, wenn dies der Herstellung embryonaler Stammzellen dient, die für eine Transplantation vorgesehen sind, immer vorausgesetzt, dass die gleichen Ergebnisse nicht auch auf andere Art und Weise zu erzielen sind (z.B. durch die Transplantation adulter Stammzellen).

PID ist im niederländischen Recht nicht untersagt. IVF, Embryonen-spende sowie Eizellen- und Samenspende sind zulässig und werden prak-tiziert.

Die Niederlande haben am 04. April 1997 das Menschenrechtsüberein-kommen zur Biomedizin und am 04. Mai 1998 das Protokoll zum Klonen unterzeichnet. Beide wurden bis heute nicht ratifiziert und entfalten inso-fern keine rechtliche Bindungswirkung in den Niederlanden. Bezüglich des Zusatzprotokolls haben die Niederlande eine Interpretationserklärung ab-gegeben. Demnach verstehen sie unter dem Begriff *menschliche Wesen* in Art. 1 des Protokolls ausschließlich menschliche Individuen, d.h. bereits geborene menschliche Wesen. Eine derartige Interpretation eröffnet Raum für bestimmte Formen des Klonens auch nach dem 14. Tag der Entwick-lung, so lange es sich nicht um Repliken bereits existierender Menschen handelt bzw. keiner der Klone ausgetragen und zur Welt gebracht wird[30] (hiervon umfasst ist etwa das therapeutische bzw. Forschungsklonen mit-tels der SCNT Methode). Die Erklärung der Niederlande ist wohl noch kein Vorbehalt im Sinne des Völkervertragsrechts. Soweit in dem unter-zeichneten Vertragswerk Rechtsbegriffe nicht legaldefiniert werden und die in der Erklärung niedergelegte Interpretation nach den üblichen Regeln der Auslegung dem Wortlaut oder dem eindeutig feststellbaren Sinn des Vertrags nicht zuwiderläuft, stehen derartige Erklärungen weithin im Er-messen des Unterzeichners. Dafür spricht im vorliegenden Zusammen-hang nicht zuletzt der *Explanatory Report*, der wegen des Begriffs »human being« wohl gerade auf die Maßgeblichkeit des nationalen Rechts verwei-sen soll.

Einschlägige Regelungen:
– Embryos Act aus dem Jahre 2002.
 [http://www.minvws.nl/images/eng-embryowettekst_tcm20-107819.pdf
 [15. August 2006]].

1.16 Norwegen

Der *Norwegische Act relating to the application of biotechnology in human medi-cine No. 56* wurde bei seiner Verabschiedung im Jahr 1994 mit der Auflage versehen, alle fünf Jahre erneut evaluiert zu werden. Das Novellierungs-

---

[30] Das Menschenrechtsüberkommen zur Biomedizin enthält selber keine zeitlichen Begren-zungen für die Zulässigkeit der Forschung an Embryonen.

gesetz, zum *Act relating to the application of biotechnology in human medicine No. 100*, trat schließlich im Juni 2003 mit deutlicher Verspätung in Kraft. Darüber hinaus regeln das Gesetz Nr. 460 vom 10. Juni 1997 und die Verordnung Nr. 728 vom 17. September 1997 die Voraussetzungen der Reproduktionsmedizin und von Forschungsprojekten in diesem Zusammenhang. Danach ist IVF in zugelassenen Einrichtungen erlaubt.

Im März 2002 legte die Norwegische Regierung dem Parlament ein sog. Weißbuch vor, um das Gesetz No. 56 zu evaluieren, da man sich seitens der Regierung skeptisch bezüglich der Zulässigkeit von PID äußerte. Die Mehrheit des Parlaments erklärte, dass PID zur Negativauslese beim Vorliegen ungewünschter Eigenschaften führen könne, was ethisch inakzeptabel sei. Man sprach sich dafür aus, dass die Regierung entscheidet, ob ein gänzliches Verbot der PID eingeführt werden soll.

Außerdem wurde im November 2002 ein sog. Grünbuch vom Gesundheitsministerium vorgestellt, das Neuregelungen im Bereich der Biomedizin vorsieht. In dem Papier wird sich ausdrücklich für ein PID-Verbot ausgesprochen, solange Embryonenforschung untersagt ist. Die Regierung vertrat diese Meinung mit der Begründung, dass sich das PID-Verbot aus dem Verbot der Embryonenforschung ergebe und die Entscheidung für oder gegen ein Kind nach genetischen oder geschlechtsspezifischen Kriterien ethisch nicht vertretbar sei. Diese Auffassung stieß in Norwegen auf Kritik und man forderte die Zulassung von PID für Fälle, in denen schwerwiegende Erbkrankheiten drohen.

Die Novellierung hat trotz der kontroversen Diskussion nicht zu weitreichenden Veränderungen der bis dahin bestehenden Rechtslage geführt. In einzelnen Bereichen, wie etwa dem therapeutischen Klonen und der PID kam es allerdings zu Präzisierungen und Akzentverschiebungen.

Die Forschung an Embryonen ist durch § 3–1 *Act relating to the application of biotechnology in human medicine* untersagt. Ebenso ist gemäß dieser Vorschrift (in Abweichung von der vorherigen Regelung) die Forschung an Zelllinien, welche aus Embryonen oder befruchteten Eizellen gewonnen wurden, verboten. Embryonen können bis zu fünf Jahre nach dem IVF-Verfahren gelagert und müssen dann zerstört werden. Die Embryonenadoption ist unzulässig.

Verboten ist gemäß § 3–2 a) die Erzeugung von menschlichen Embryonen durch Klonierung und die Forschung an Zelllinien, die aus solchen Embryonen gewonnen wurden, sowie gemäß § 3–3 die Verwendung von Techniken, die geeignet sind, genetisch identische Individuen zu erzeugen. Obgleich die Formulierung das therapeutische Klonen nicht eindeutig umfasst und man auch aus dem Verbot der Forschung an Zelllinien, die aus geklonten Embryonen gewonnen wurden, einigermaßen deutlich nur das Verbot der Forschung an Methoden und Verfahren des therapeutischen Klonens herauslesen kann, ist doch wohl davon auszugehen, dass die *ratio legis* des Gesetzes auch auf ein Verbot des therapeutischen Klonens gerichtet ist. Während bei dem vorhergehenden Gesetz noch argumentiert werden konnte, dass die Gesetzesautoren das Verfahren gar nicht kannten und somit zumindest eine historische Auslegung nicht zu einem umfassenden Klonverbot kommen kann, ist diese Argumentation bei dem Novellierungsgesetz nicht mehr zu halten. Vielmehr hat der norwegische Gesetzgeber die Formulierungen in Kenntnis des naturwissenschaftlichen Sachstandes noch verschärft.

Die Gewinnung von und die Forschung an humanen embryonalen Stammzellen ist durch §3–1 und §3–2 des Gesetzes untersagt. Der Forschung an humanen embryonalen Stammzellen verbleibt insofern in Norwegen kein Raum.

PID ist in §2–14 *Act relating to the application of biotechnology in human medicine* geregelt. Danach ist PID nur in Fällen schwerer geschlechtsgebundener Erkrankungen zulässig, für die es keine Heilung gibt. Ausnahmsweise kann eine speziell eingerichtete Kommission PID auch für andere unheilbare Erberkrankungen zulassen, wenn die Umstände des Einzelfalles es indizieren.

Am 26. Januar 2007 hat die norwegische Regierung einen Gesetzentwurf eingebracht, der verschiedene Änderungen der momentanen Rechtslage vorsieht. ›Überzählig‹ gewordene Embryonen aus IVF-Verfahren sollen danach unter der Voraussetzung der Zustimmung der Eltern zur Gewinnung von Stammzellen genutzt werden können[31]. Erforderlich ist weiterhin die Zustimmung eines nationalen Ethikpanels. Weiterhin verboten ist die Verwendung von Embryonen nach dem vierzehnten Tag der Entwicklung, die Erzeugung von Embryonen zu Forschungszwecken, sowie die Klonierung. Änderungen ergeben sich allerdings im Bereich der PID. Unter bestimmten engen Voraussetzungen soll PID nach voriger Genehmigung durch eine – noch einzurichtende – Kommission in Einzelfällen erlaubt sein[32]. In engen Grenzen war dies zuvor auch schon der Fall (s. o.), es ist davon auszugehen, dass durch die neue Regelung weitere, bislang nicht vorgesehene Fälle betroffen sind. Die norwegische Regierung besitzt eine knappe parlamentarische Mehrheit und es ist unklar, ob alle Abgeordneten der Regierungsfraktionen dem Gesetzentwurf zustimmen

---

[31] Siehe auch Pincock 2007.
[32] Siehe auch The Associated Press 2007.

werden. Ein Inkrafttreten der neuen Regelungen ist im Falle der Verabschiedung nicht vor 2008 zu erwarten.

Einschlägige Regelungen:
- Act relating to the application of biotechnology in human medicine No. 100 von 2003.
  [http://www.regjeringen.no/en/dep/hod/Subjects/Bioteknologi/Application-of-bio technology-in-human-medicine.html?id=229553 [02. August 2007]].
- Gesetz Nr. 460 vom 10.06.1997.
- Verordnung Nr. 728 vom 17.09.1997.

[Die beiden letzten Regularien liegen nicht in englischer Sprache vor.]

1.17 Österreich

Im internationalen Vergleich hat die ethische Diskussion zu Fragen der Biomedizin in Österreich relativ spät begonnen. Erst im Juli 2001 wurde eine nationale Bioethikkommission eingesetzt. Auf parlamentarischer Ebene steht die Stammzellforschung, insbesondere die Zulässigkeit von Forschungsarbeiten mit embryonalen Stammzellen, bislang nicht zur Debatte. Ausschlaggebend dafür ist wohl die Tatsache, dass es in Österreich bisher keine Forschungsarbeiten mit embryonalen Stammzellen gibt und auch keine Anträge auf staatliche Förderung vorliegen. Auf dem Gebiet der Stammzellen wird lediglich mit adulten (also auch Zellen aus dem Nabelschnurblut) oder fetalen Zellen sowie an tierischen embryonalen Stammzellen geforscht.

Allerdings gibt es in Österreich seit 1992 das *Fortpflanzungsmedizingesetz (FMedG)*, welches die in Rede stehenden Problembereiche implizit regelt. Das Gesetz enthält keine expliziten Regelungen zu PID, zur Forschung an oder mit Embryonen, zur hES-Zellforschung oder zum Klonen. Nach weit verbreiteter Auffassung sind die Beforschung von Embryonen, PID sowie reproduktives und therapeutisches Klonen in Österreich verboten. Es wurde daher immer wieder gefordert, die rechtlichen Grenzen der Zulässigkeit von Klonverfahren, welche derzeit nur im Wege der Interpretation gezogen werden können und auch nicht in allen Details unumstritten sind,[33] im Interesse der Rechtssicherheit zu präzisieren und ausdrücklich zu normieren. Diese Forderung steht im engen Zusammenhang mit der von der ös-

---

[33] Es wird zum Teil die Ansicht vertreten, therapeutisches Klonen sei auf dem Wege des Kerntransfers zulässig.

terreichischen Bioethikkommission des Bundeskanzlers verlangten Ratifikation des Menschenrechtsübereinkommens zur Biomedizin und seiner Umsetzung in nationales Recht. Zu möglichen gesetzlichen Regelungen hinsichtlich der Zulässigkeit der PID hat die österreichische Bioethikkommission eine Stellungnahme abgegeben.[34] In ihrem Zwischenbericht vom 12. Februar 2003 hat die Kommission das reproduktive Klonen abgelehnt und ein ausdrückliches gesetzliches Verbot gefordert.

§ 9 Abs. 1 FMedG verbietet die Forschung an entwicklungsfähigen Zellen. Die Forschung an menschlichen Embryonen ist daher nicht zulässig.

Auch die Gewinnung von ES-Zellen ist, soweit diese noch totipotent sind, unzulässig. § 9 Abs. 1 FMedG verbietet die Benutzung totipotenter Zellen zu anderen Zwecken als denen der medizinisch unterstützten Fortpflanzung.

Nach einer[35] Ansicht ist jede Art von Klonen in Österreich verboten. Wesentlich wird dies aus § 9 Abs. 1 FMedG abgeleitet. Außerdem wird § 9 Abs. 2 FMedG herangezogen. Diese Bestimmung verbietet ebenso wie § 64 Gentechnikgesetz (GTG) ausdrücklich jeden Eingriff in die menschliche Keimbahn. Diese Ansicht ist allerdings nicht unwidersprochen, so wird zum Teil vertreten, dass die Technik des Kerntransferverfahrens von den entsprechenden Regelungen nicht erfasst wird[36].

PID ist nach einer verbreiteten Meinung ebensowenig erlaubt. Abgeleitet wird dies insbesondere aus § 9 Abs. 1 FMedG.[37] Danach dürfen entwicklungsfähige Zellen nicht für andere Zwecke als für medizinisch unterstützte Fortpflanzungen verwendet werden. Als entwicklungsfähige Zellen sind befruchtete Eizellen und daraus entwickelte Zellen anzusehen (§ 1 Abs. 3 FMedG). Totipotente Zellen gelten danach als entwicklungsfähige Zellen im Sinne des Gesetzes. Sie dürfen nur insoweit untersucht und behandelt werden, als dies nach dem Stand der medizinischen Wissenschaft und Erfahrung zur Herbeiführung einer Schwangerschaft erforderlich ist. Gleiches gilt für Samen- oder Eizellen, die für medizinisch unterstützte Fortpflanzungen verwendet werden sollen.

Allerdings wird die PID in Österreich derzeit heftig diskutiert. Im November 2000 fand eine vom Bundesministerium für Justiz und vom Bundesministerium für soziale Sicherheit und Generationen veranstaltete Ar-

---

[34] Erhältlich unter http://www.austria.gv.at/2004/11/25/bid_bericht_endfassung.pdf [8. Mai 2006].

[35] Siehe zum Beispiel Luf 2003.

[36] So etwa Kopetzki (o.J.).

[37] In diesem Sinne Gmeiner 2004: 182.

beitstagung »Fortpflanzungsmedizin – Ethik und Rechtspolitik« statt. Weitere Arbeitskreise mit unterschiedlichem Hintergrund lassen eine Tendenz zum Wunsch nach Zulassung der PID im Falle von einigen wenigen schweren Erbkrankheiten erkennen. Auch die Bioethikkommission beschäftigte sich neben anderen Themen der Fortpflanzungsmedizin mit PID. Im abschließenden Votum vom Juli 2004 votierten zwölf Mitglieder für eine begrenzte Zulassung, während sich sieben Mitglieder für die Beibehaltung der gesetzlichen Lage aussprachen.

Einschlägige Regelungen:
- Fortpflanzungsmedizingesetz (FMedG) BGBl. Nr. 275/1992.
  [http://www.ris.bka.gv.at/bundesrecht/ (Nr. 275/1992), Stichwortsuche: www.womenslinkworldwide.org/pdf/co_eur_ire_mcgee.pdf Fortpflanzungsmedizingesetz [08. Mai 2006]].

1.18 Polen

Die polnische Gesetzgebung statuiert einen sehr umfassenden Schutz des ungeborenen Lebens. Der *Act on family planning, protection of the human fetus and conditions for permissibility of abortion* vom 07. Januar 1993 legt in § 23b Abs. 1 des durch das Gesetz geänderten polnischen Strafgesetzbuches fest: »An unborn child may not be subject to any procedures other than those intended to protect his life and health, or his mother's life or health …«. Zugleich wird in § 1 Abs. 1 *Act on family planning, protection of the human fetus and conditions for permissibility of abortion* normiert, dass »[e]very human being shall have a natural right to live as from the time of his conception«. In § 1 Abs. 2 ist vorgesehen, dass »[t]he life and health of the child shall be placed under the protection of the law, as from the time of its conception«. Der polnische Gesetzgeber unterscheidet dabei nicht zwischen dem Schutz ungeborenen Lebens *in vivo* einerseits und *in vitro* andererseits.

Die Zerstörung von Embryonen wird als Abtreibung behandelt und mit Freiheitsstrafe bis zu 3 Jahren bedroht. Die Gewinnung von Embryonen zu Forschungszwecken und die Gewinnung von humanen embryonalen Stammzellen sind somit nach polnischem Recht verboten.

Weniger klar ist die Situation bei der PID. Das durch den *Act on family planning, protection of the human fetus and conditions for permissibility of abortion* modifizierte Strafgesetzbuch gestattet in § 23b Abs. 2 pränatale Untersuchungen an Embryonen, soweit das Kind aus einer ›genetisch belasteten‹ Familie stammt. Zugleich erlaubt § 149 a Abs. 3 Nr. 3 des geänderten Strafgesetzbuches die Abtreibung, wenn durch zwei unabhängige Ärzte ein schwerer irreversibler Defekt an dem Embryo festgestellt wird. Diese Regelung könnte Raum (nicht nur für die PND, sondern auch) für PID geben. Jedenfalls müssten nach diesem Verfahren alle als genetisch ungeschädigt geltenden Embryonen auf die Mutter übertragen werden. Eine definitive Aussage über die Zulässigkeit von PID kann aber nicht getroffen werden. Angesichts des hohen Standards des Lebensschutzes im polnischen Recht scheint es allerdings zweifelhaft, ob das Verfahren zulässig ist.

Eine Vielzahl von Quellen bezieht sich auf ein striktes Verbot der Forschung an humanen embryonalen Stammzellen in Polen[38]. Eine einschlägige Regelung im polnischen Recht konnte jedoch nicht recherchiert werden. Die Annahme, dass es in Polen geltende Rechtsregelungen zum Verbot der Forschung an humanen embryonalen Stammzellen gibt, wird allerdings dadurch plausibel, dass Polen bei der Kontroverse um die Förderung dieser Technologien durch die Europäische Union neben z. B. Deutschland und Irland zu denjenigen Ländern zählte, die sich gegen eine derartige Förderung aussprachen.

Polen hat das *Übereinkommen über Menschenrechte und Biomedizin* sowie das Zusatzprotokoll zum Klonen beim Menschen unterzeichnet, aber bislang nicht ratifiziert. Eigene nationale Regelungen zur Klonierung am Menschen bestehen nicht. Es gibt also formell keine wirksame Regelung in Polen, welche das reproduktive Klonen verbietet. Das Gleiche gilt für das therapeutische Klonen. Angesichts der oben dargestellten vorherrschenden, restriktiven Grundtendenz der polnischen Biopolitik kann jedoch davon ausgegangen werden, dass Vorhaben zum therapeutischen oder reproduktiven Klonen in Polen zurzeit, wenn nicht rechtlich, so doch zumindest faktisch undurchführbar sind.

Einschlägige Regelungen:
–   Act on family planning, protection of the human fetus and conditions for permissibility of abortion vom 07. Januar 1993. [http://annualreview.law.harvard.edu/popula tion/abortion/POLAND.abo.htm [28. Mai 2007]].

---

[38] Dazu Deutsche Forschungsgemeinschaft 2006: 52 f.

1.19 Portugal

In Portugal gab es bis 2006 keine rechtlichen Regelungen zur Stammzellforschung oder zum Umgang mit Embryonen. Obwohl Art. 67 Nr. 2 Abs. e der portugiesischen Verfassung vorsieht, dass der Staat zum Schutze der Familie und unter Wahrung der Menschenwürde die Fortpflanzungsmedizin in einem eigenen Gesetz regelt, ließ dies lange auf sich warten. Das Gesundheitsministerium hat in den neunziger Jahren ein Gesetz entworfen, das sich mit Fortpflanzungsmedizin befasste und 1998 in das Parlament eingebracht wurde. Das Gesetz scheiterte jedoch 1999 am Veto des portugiesischen Präsidenten. Das vorhandene *Gesetz zur Regelung von klinischen Testverfahren beim Menschen* geht zudem nicht auf die Frage der Gentests ein. Ein Erlass des Gesundheitsministeriums (Nr. 9108/97 vom 13. Juli 1997) regelt nur die Durchführung molekularbiologischer Tests bei Kindern und Erwachsenen im Fall eines Verdachts auf Erbkrankheiten sowie die Anwendung der Pränataldiagnostik.

Der Themenkreis Bioethik spielte im öffentlichen Diskurs in Portugal eine untergeordnete Rolle und beschränkte sich auf die Beschreibung der technischen Fortschritte bei der Erforschung des menschlichen Genoms und der technischen Einsatzmöglichkeiten, ohne die hieraus entstehenden möglichen Probleme zu diskutieren. Der portugiesische nationale Ethikrat beklagte diesen Zustand wiederholt und forderte deutlich den Erlass eines Gesetzes, das sich mit bioethischen Themen befasst. Der Rat veröffentlichte zwischen 1993 und 1997 diverse Stellungnahmen zur künstlichen Befruchtung (3/CNECV/93), Embryonenforschung (15/CNECV/95) und zu ethischen Fragestellungen im Zusammenhang mit dem Klonen (21/CNECV/97).[39] Unter Bezugnahme auf Art. 24 der portugiesischen Verfassung, der die Unverletzlichkeit menschlichen Lebens proklamiert, wird Embryonenforschung als inakzeptabel befunden. Dieser Schutz sei bereits mit der Befruchtung umfassend. Mit dem Verweis auf die Gefahren für die Menschenwürde wird im Bericht von 1997 dem Klonen eine Absage erteilt. Dabei wird zwischen reproduktivem und therapeutischem Klonen nicht differenziert. Eine Stellungnahme zur Forschung mit humanen embryonalen Stammzellen wurde vom Ethikrat noch nicht vorgelegt.

Die Rechtslage änderte sich mit dem *Law on medically assisted procreation*[40] vom 26. Juli 2006. Das Gesetz kommt dem Verfassungsauftrag

---

[39] Vgl. die Webseite des portugiesischen Nationalen Ethikrates: http://www.cnecv.gov.pt/ [08. Mai 2006].
[40] Das Gesetz ist nicht in deutscher oder englischer Sprache erhältlich. Die folgenden Ausfüh-

zur gesetzlichen Regelung der Fortpflanzungsmedizin nach und spricht in Sect. 7 ein ausdrückliches Verbot des reproduktiven Klonens aus. Das therapeutische Klonen scheint von dem Verdikt gegen das Klonen jedoch nicht umfasst. Verboten ist aber die Herstellung von Embryonen zu Forschungszwecken dann, wenn sie mit Mitteln der medizinisch unterstützten Fortpflanzung (IVF) geschieht (Sect. 9). PID ist zulässig außer im Fall multivektoriell bedingter Krankheiten bei denen der Aussagewert des genetischen Tests sehr niedrig ist (Sect. 7).

Zulässig ist auch die Forschung an Embryonen, wenn sie (i) therapeutischen, (ii) diagnostischen oder (iii) präventiven Zwecken dient, (iv) die Verbesserung von IVF Verfahren zum Ziel hat oder (v) der Etablierung von Stammzellbanken zu Transplantations- oder sonstigen Therapiezwecken dient (Sect. 9). Derartige Forschung bedarf der Genehmigung durch den *National Council for Medical Assisted Procreation* (Sect. 9). Die genannten Verfahren und Forschungen dürfen nur in medizinischen Zentren durchgeführt werden, die hierzu eine Genehmigung durch das Gesundheitsministerium haben (Sect. 5).

Zwar gab es in Portugal vor Inkrafttreten des Gesetzes keine nationale gesetzliche Regelung zur Erzeugung oder Verwendung von Embryonen zu Forschungszwecken. Allerdings galten durch die Ratifizierung des *Menschenrechtsübereinkommens zur Biomedizin* seit dem 01. Dezember 2001 die in der Konvention und im Zusatzprotokoll aufgestellten Verbote der Erzeugung von Embryonen zu Forschungszwecken und insbesondere das Klonverbot. Portugal hat das *Menschenrechtsübereinkommen zur Biomedizin* am 04. April 1997 und das Zusatzprotokoll am 12. Januar 1998 unterzeichnet. Beide Abkommen wurden von Portugal am 13. August 2001 ratifiziert und sind für Portugal am 01. Dezember 2001 in Kraft getreten.

Einschlägige Regelungen:
– Law 32/2006 on medically assisted procreation vom 26. Juli 2006. [http://www.dre.pt/pdfgratis/2006/07/14300.pdf [09. August 2007]].

---

rungen beziehen sich insofern auf eine englische Zusammenfassung der Gesetzesinhalte erhältlich unter http://www.who.int/idhl-rils/results.cfm?language=english&type=ByTopic&strTopicCode=XIA&strRefCode=Port [10. August 2007].

1.20 Schweden

In Bezug auf die Forschung an menschlichen embryonalen Stammzellen zählt die schwedische Gesetzgebung weltweit wohl zu den liberalsten. Seit 1991 erlaubt ein Gesetz die Herstellung von Embryonen zu Forschungszwecken. 14 Tage nach ihrer Herstellung müssen die Embryonen jedoch vernichtet werden. Embryonen, an denen geforscht wurde, dürfen nicht mehr in den Mutterleib eingepflanzt werden. Im Dezember 2001 und im Januar 2002 hat der schwedische Forschungsrat ethische Richtlinien in Bezug auf Stammzellforschung aufgestellt. Darin wird die Verwendung von Embryonen zu Forschungszwecken für ethisch vertretbar gehalten, wenn eine Alternative zur Erreichung vergleichbarer Forschungsergebnisse nicht besteht und das Forschungsprojekt für notwendig erachtet wird, um die Stammzellforschung zu befördern.[41] Die genannten Richtlinien werden von regionalen Komitees bei der Überprüfung der Verwendung embryonaler Stammzellen angewandt. Diese Komitees sind an große Universitäten angeschlossen. Ihre Aufgabe ist es, einerseits die Qualität und den wissenschaftlichen Wert der Forschungsvorhaben zu bewerten und andererseits den potentiellen Nutzen des neuen Wissens zu ermitteln. Für den Bereich der Fortpflanzungsmedizin gibt es in Schweden mehrere Gesetze älteren Datums. Im Rahmen der Harmonisierungsbestrebungen des *Nordic Council* im Bereich der Bioethikgesetzgebung kann mit einer Novellierung gerechnet werden. Die im *Nordic Council* vertretenen Staaten haben angekündigt, dass bis *dato* bestehende Differenzen in der Rechtslage der Mitgliedstaaten weitestgehend beseitigt werden sollen.

Embryonenforschung ist gemäß § 2 Abs. 1 Satz 1 des Gesetzes Nr. 115 nur bis zum 14. Tag gestattet. Befruchtete Eizellen, an denen Untersuchungen vorgenommen wurden, dürfen gemäß § 4 Satz 1 des Gesetzes Nr. 115 nicht mehr implantiert werden. Es ist in jedem Stadium die Zustimmung der Spender erforderlich. Die Forschung darf die Entwicklung von Methoden zur Erzeugung potentiell erblicher Effekte zum Ziel haben. Die Aufbewahrung der befruchteten Eizellen darf ein Jahr nicht überschreiten.

Nach Auffassung des Schwedischen Nationalen Ethikrats, dem *Swedish National Council on Medical Ethics (SMER)*, werden weder die Forschung an isolierten Stammzellen noch an bereits existierenden Stammzelllinien durch das Gesetz Nr. 115 vom 14. März 1991 geregelt.

---

[41] Vgl. die Webseite des Schwedischen Forschungsrats: http://www.vr.se/english [08. Mai 2006].

Gemäß § 2 Abs. 1 Satz 1 des Gesetzes Nr. 115 sind Handlungen an befruchteten ›überzähligen‹ Eizellen auch zu nichttherapeutischen Zwecken bis zum 14. Tag nach der Befruchtung gestattet, wenn folgende Voraussetzungen erfüllt sind:
Die Forschung soll
- die Behandlung von Unfruchtbarkeit verbessern,
- Verhütungsmethoden verbessern oder
- Kenntnisse über die embryonale Entwicklung und die Entstehung von Defekten bringen.

Darüber hinaus muss das Einverständnis der Spender vorliegen und das Forschungsvorhaben einem Ethikkomitee vorgelegt werden.

Das Gesetz von 1991 verbietet Forschung mit humanen embryonalen Stammzellen nicht. Im Hinblick darauf wurde in Schweden bereits eine große Anzahl von humanen embryonalen Stammzelllinien isoliert.

Die schwedische Gesetzeslage wird dahingehend interpretiert, dass sie ein implizites Verbot des Klonens menschlicher Lebewesen enthält: »Wenn eine befruchtete Eizelle Gegenstand von Experimenten für Forschung und Behandlung ist, dann soll sie nicht in einen weiblichen Körper eingepflanzt werden. Das gleiche gilt für diejenigen Fälle, dass eine Eizelle bzw. ein Spermium Gegenstand von Experimenten vor der Befruchtung gewesen sind.« (§ 4 des *Act on measures for purposes of research and treatment involving fertilised human ova*). Reproduktives Klonen (jedenfalls im experimentellen Stadium) scheint von diesem Verbot umfasst zu sein. Der Forschungsrat hat sich in seinen Empfehlungen ausdrücklich gegen reproduktives Klonen ausgesprochen.

Therapeutisches Klonen fällt nicht in den Anwendungsbereich des § 4. Die schwedische Gesetzeslage hätte zwar dahingehend interpretiert werden können, dass sie implizit auch therapeutisches Klonen verbietet, da sie die Herstellung von Embryonen ausschließlich für Forschungszwecke verbietet. Andererseits hat Schweden eine vergleichsweise liberale Tradition, so dass auch von einer gesetzlichen Regelungslücke im Hinblick auf therapeutisches Klonen ausgegangen werden konnte. Embryonensplitting und das Klonen befruchteter Eizellen sind durch das Gesetz Nr. 115 dagegen implizit verboten.

Durch die *Government bill 2003/04:148. Stem cell research* (21. Juni 2004) hat sich diese Situation geändert. Das therapeutische Klonen ist nun eindeutig zulässig, sofern für das Vorhaben die gleichen Voraussetzungen erfüllt sind, die auch für die Forschung an befruchteten Eizellen gelten. Damit wird eine ausdrückliche, aber eingeschränkte Zulassung des therapeutischen Klonens statuiert. Zugleich wird ein ausdrückliches Verbot des reproduktiven Klonens ausgesprochen.

Die Richtlinien des Schwedischen Nationalen Ethikrats (SMER) sehen vor, dass PID nur bei Verdacht auf schwerwiegende erbliche Krankheiten, die zu frühzeitigem Tod führen und für die es keine Behandlung gibt, betrieben werden darf.[42] Es darf keine nicht-therapeutische Geschlechtswahl stattfinden. Geschlechtswahl darf nur bei Indikation einer geschlechtsgebundenen unbehandelbaren Erbkrankheit vorgenommen werden. Diese Empfehlungen sind vom schwedischen Parlament aufgegriffen worden.

Einschlägige Regelungen:
- Gesetz Nr. 115 vom 14. März 1991. [http://www.notisum.se/rnp/sls/lag/19910115.htm [28. Mai 2007]].
- Gesetz Nr. 711 vom 14. Juni 1988. [http://www.notisum.se/index2.asp?iParentMe nuID=236&iMenuID=314&iMiddleID=285&top=2&sTemplate=/template/sok. asp?DokTyp=1 [28. Mai 2007]].
- Gesetz Nr. 1140 vom 20. Dezember 1984. [http://www.notisum.se/index2.asp?iPa rentMenuID=236&iMenuID=314&iMiddleID=285&top=2&sTemplate=/template/ sok.asp?DokTyp=1 [28. Mai 2007]].
- Government bill 2003/04:148. Stem cell research vom 21. Juni 2004. [www.sweden.gov.se/content/1/c6/02/63/38/387bbc1d.pdf [07. August 2007]].

1.21 Schweiz

Die Schweiz ist rechtsvergleichend einzigartig, indem sie gewisse Gebote und Verbote für die Fortpflanzungsmedizin in der Verfassung (Art. 119 BV) verankert hat. Die PID wird von der Verfassung aber nicht untersagt.

In der Schweiz ist Anfang 2001 das *Fortpflanzungsmedizingesetz* (FMedG) in Kraft getreten, welches PID in Art. 5 FMedG verbietet. Im Rahmen der biopolitischen Diskussionen wurde im Sommer 2001 die *Nationale Ethikkommission im Bereich Humanmedizin* (NEK-CNE) eingesetzt, die – vor der Entscheidung der zuständigen Forschungsförderungsinstitution, des Nationalfonds, über die Förderung eines Stammzellforschungsvorhabens – auf der Grundlage des FMedG eine Stellungnahme publizier-

---

[42] Vgl. die Webseite des Schwedischen Nationalen Ethikrats: http://www.smer.gov.se/ [08. Mai 2006].

[43] Nationale Ethikkommission im Bereich Humanmedizin 2001: 2522 ff.

te.[43] Im März 2002 legte die NEK-CNE eine umfassende Stellungnahme zu ethischen und rechtlichen Grundsatzfragen bezüglich der Gewinnung embryonaler Stammzellen aus ›überzählig‹ gewordenen IVF-Embryonen vor, in der unterschiedliche Optionen und Modelle diskutiert werden.[44]

Am 28. September 2001 entschied dann der Schweizerische National-fonds zur Förderung der wissenschaftlichen Forschung (SNF), ein For-schungsprojekt mit importierten menschlichen embryonalen Stammzellen mittels eines Förderbeitrags zu unterstützen. Zuvor war ein Rechtsgutach-ten zu dem Schluss gekommen, das geltende Recht enthalte keine Bestim-mung, welche die Forschung an importierten embryonalen Stammzellen verbiete, sofern diese unentgeltlich beschafft würden. Während die Her-stellung von Embryonen zu Forschungszwecken eindeutig verboten war, beantwortete das damals geltende Recht die Frage nicht, ob und – falls ja – unter welchen Bedingungen überzählige Embryonen zu Forschungszwe-cken verwendet und insbesondere ob aus ihnen embryonale Stammzellen gewonnen werden durften.

Vor diesem Hintergrund sah sich der Gesetzgeber aufgefordert, die Frage der Verwendung von ›überzähligen‹ Embryonen für die Forschung rechtlich zu klären. Der Bundesrat (d. h. die Regierung der Schweiz) legte dem Parlament am 20. November 2002 den Entwurf eines *Bundesgesetzes über die Forschung an überzähligen Embryonen und an embryonalen Stammzellen* (*Embryonenforschungsgesetz*, EFG) zur Beratung vor. Nach diesem Entwurf sollte in Art. 5–7 die Verwendung ›überzähliger‹ Embryonen nach ent-sprechender Aufklärung und Zustimmung der Eltern für »hochrangige« Forschungsziele im Rahmen konkreter Forschungsprojekte erlaubt werden.

Das schweizerische Gesetzgebungsverfahren sieht vor, dass die beiden Kammern des Parlaments (Ständerat und Nationalrat) Gesetzesentwürfe nacheinander beraten. Der Ständerat beriet bereits in der Frühjahrssit-zungsperiode 2003 über das Gesetz und strich die im Entwurf vorgesehe-ne Forschung an ›überzähligen‹ Embryonen. Das Gesetz wurde anschlie-ßend dann vom Nationalrat während der Sommersitzungsperiode 2003 beraten und am 19. Dezember 2003 als *Bundesgesetz über die Forschung an embryonalen Stammzellen* (*Stammzellforschungsgesetz*, StFG) verabschiedet.

Laut *Fortpflanzungsmedizingesetz* durften Embryonen nur zur Herbei-führung einer Schwangerschaft erzeugt werden. Gemäß Art. 17 FMedG durften nur so viele Embryonen erzeugt werden, wie innerhalb eines Zy-klus zur Herbeiführung einer Schwangerschaft nötig sind (maximal drei).

---

[44] Vgl. zur Forschung an embryonalen Stammzellen Nationale Ethikkommission im Bereich Humanmedizin 2002.

Die Embryonen durften zudem außerhalb des Körpers nur so weit entwickelt werden, wie es zur Implantation unbedingt erforderlich war. Auch wenn eigentlich nur wenige ›überzählige‹ Embryonen vorhanden sein dürften, war die Aufbewahrung oder Konservierung von Embryonen zu einem anderen Zweck als der Herbeiführung einer Schwangerschaft explizit verboten. Vorbehalten blieben Notstandssituationen. Zudem durften Embryonen, die vor dem Inkrafttreten des Fortpflanzungsmedizingesetzes kryokonserviert worden sind, noch bis zum 31. Dezember 2005 aufbewahrt werden. Wurde der Embryo der Forschung für die Gewinnung von Stammzellen zur Verfügung gestellt, so konnte er sogar bis zum 31. Dezember 2008 aufbewahrt werden.

Das neue Stammzellforschungsgesetz verbietet jetzt in Art. 3 Abs. 2 a. StFG die Verwendung von ›überzähligen‹ Embryonen zu einem anderen Zweck als der Gewinnung embryonaler Stammzellen. Von diesem Ausnahmefall abgesehen ist die Forschung an ›überzähligen‹ Embryonen in der Schweiz also grundsätzlich verboten.

Art. 5 ff. StFG regelt die Gewinnung von embryonalen Stammzellen im Einzelnen. Folgende Voraussetzungen müssen für die Gewinnung von Stammzellen aus ›überzähligen‹ Embryonen erfüllt sein:

- Einwilligung des Spenderpaares nach Aufklärung über die Verwendung (Art. 5 StFG). Das Paar darf erst nach Feststellung der Überzähligkeit des Embryos um die Freigabe ersucht werden, und die Einwilligung ist bis zur Gewinnung der Stammzellen jederzeit widerruflich.
- Unentgeltlichkeit der Spende (Art. 4 StFG). Weder bei der Spende durch die Eltern noch zu einem späteren Zeitpunkt dürfen ein ›überzähliger‹ Embryo oder die daraus gewonnenen Stammzellen veräußert oder erworben werden.
- Unabhängigkeit der beteiligten Personen (Art. 6 StFG). Die an der Stammzellgewinnung beteiligten Personen dürfen weder am Fortpflanzungsverfahren beteiligt noch gegenüber den Spendern weisungsbefugt sein.
- Bewilligung durch das *Bundesamt für Gesundheit* (Art. 7 StFG). Voraussetzung hierfür ist unter anderem, dass die Stammzellen für ein Forschungsprojekt gewonnen werden sollen, im Inland keine geeigneten embryonalen Stammzellen vorhanden sind, nicht mehr ›überzählige‹ Embryonen verbraucht werden, als zur Gewinnung der Stammzellen unbedingt erforderlich sind, und dass die befürwortende Stellungnahme einer Ethikkommission vorliegt.

Ebenfalls erlaubt, aber von der Bewilligung durch das *Bundesamt für Ge-*

sundheit abhängig, ist der Import (und Export) von embryonalen Stammzellen (Art. 14 StFG). Embryonale Stammzellen können demnach importiert werden, wenn sie nicht aus einem zu Forschungszwecken erzeugten Embryo stammen und eine entsprechende Aufklärung und Zustimmung der Eltern vorliegt.

Verboten ist gemäß Art. 3 Abs. 1 StFG
- die Erzeugung von Embryonen zu Forschungszwecken und die Gewinnung sowie Verwendung embryonaler Stammzellen aus derartigen Embryonen,
- die Keimbahnintervention,
- die Erzeugung von Klonen, Chimären und Hybriden und die Gewinnung sowie Verwendung embryonaler Stammzellen aus derartigen Embryonen.

Schon in Art. 119 Abs. 2 der Bundesverfassung werden alle Arten des Klonens von Embryonen verboten. Das Verbot wird im *Stammzellforschungsgesetz* aber wiederholt. Darüber hinaus ist das Erzeugen eines Klons gemäß Art. 36 Abs. 1 FMedG strafbar. Das Verbot betrifft sowohl das reproduktive als auch das therapeutische Klonen.

PID ist in der Schweiz gemäß Art. 5 Abs. 3 FMedG verboten. IVF ist in der Schweiz gemäß Art. 5 FMedG nur zulässig, soweit dadurch
- die Unfruchtbarkeit eines Paares überwunden werden soll und kann und andere Behandlungsmethoden versagt haben oder aussichtslos sind;
- oder wenn die Gefahr, dass eine schwere unheilbare Krankheit auf die Nachkommen übertragen wird, ansonsten nicht abwendbar ist. In diesem Fall darf eine Selektion von Keimzellen erfolgen. Zugelassen ist auch die Untersuchung der Polkörperchen.

Die Selektion der Keimzellen nach dem Geschlecht oder auf Grund anderer genetischer Merkmale ist gemäß Art. 33 FMedG nur dann zulässig, wenn dadurch die Übertragung einer schweren unheilbaren Krankheit auf die Nachkommen verhindert werden soll.

Einschlägige Regelungen:
- Art. 119 der Schweizerischen Bundesverfassung. [http://www.admin.ch/ch/d/sr/101/ a119.html [05. September 2006]].
- Fortpflanzungsmedizingesetz (FMedG) von 2001. [http://www.admin.ch/ch/d/sr Menü: Gesundheit, Untermenü: Medizin und Menschenwürde [08. Mai 2006]].
- Stammzellforschungsgesetz (StFG) von 2003. [http://www.admin.ch/ch/d/sr/8/810. 31.de.pdf [05. September 2006]].

1.22 Slowenien

Obwohl zur Rechtslage im Bereich der biomedizinischen Forschung keine englischsprachigen Originaltexte zugänglich sind, ergibt sich zumindest bezüglich der Frage des therapeutischen und reproduktiven Klonens ein recht klares Bild. Das slowenische Strafgesetzbuch verbietet ausdrücklich Methoden des Klonierens des Menschen, sei es zu Zwecken der Reproduktion, der Therapie oder der Forschung.[45] Ebenfalls weithin einhellig wird konstatiert, dass das *Law on medically assisted reproduction* von 2001 die Erzeugung von Embryonen zu Forschungszwecken verbietet.[46] Forschung an ›überzähligen‹ Embryonen ist nur unter engen Voraussetzungen zulässig. Die Embryonen müssen danach zu Reproduktionszwecken oder zur Lagerung unbrauchbar sein oder die maximale Lagerungsdauer erreicht haben.[47] In keinem Fall ist die Forschung an Embryonen zulässig, wenn diese sich über den 14. Tag (ausschließlich Zeiten der Kryokonservierung) hinaus entwickelt haben. ›Überzählige‹ Embryonen, welche diese Voraussetzungen erfüllen, können zur Gewinnung von Stammzellen genutzt werden.

Zur PID konnten für Slowenien keine Regelungen recherchiert werden.

Einschlägige Regelungen:
– Law on medically assisted reproduction von 2001.

1.23 Slowakei

Das slowakische *Health care law* von 1992 verbietet in Art. 47 jegliche Verfahren zur Erzeugung von Menschen, die mit lebendigen oder toten Menschen identisch sind. Zugleich wird Art. 42.3c *Health care law*, der jegliche Forschung an Embryonen oder Föten ohne medizinische Indikation verbietet, so gedeutet, dass sich das Klonverbot des Art. 47 *Health care law* auch auf das therapeutische Klonen erstreckt.[48]

Im Jahr 2003 kam es zu einer Änderung des slowakischen *Penal code*, in dessen Art. 246a jegliche Handlungen zur Erzeugung eines menschlichen

---

[45] In diesem Sinne, Commission of the European Communities 2003: 47; Global Lawyers and Physicians o.J.; EuroStemCell 2005: 3f.

[46] EuroStemCell 2005; Commission of the European Communities 2003.

[47] Commission of the European Communities 2003. Die maximal zulässige Dauer der Lagerung im slowenischen Recht geht aus diesem Dokument nicht hervor.

[48] Commission of the European Communities 2003: 47.

Wesens, gleich in welchem Stadium seiner Entwicklung, das mit einem anderen, lebenden oder toten menschlichen Wesen identisch ist, mit Geldstrafe oder einer Freiheitsstrafe von drei bis acht Jahren bedroht wird.

Das Verbot der nicht individualnützig therapeutischen Forschung an lebenden Embryonen aus Art. 42.3c *Health care law* untersagt zudem die Gewinnung von Stammzellen aus ›überzähligen‹ Embryonen. Ebenfalls verboten ist *argumentum a fortiori* die Erzeugung von Embryonen zu Forschungszwecken. Den zugänglichen Quellen kann nicht entnommen werden, wie die PID in der Slowakei geregelt ist.

Einschlägige Regelungen:
– Health care law von 1992. (Nicht in englischer Sprache erhältlich).
– Penal code in der Fassung von 2003.
  [Übersetzter Auszug erhältlich unter: http://www.glphr.org/genetic/europe2-7.htm [8. Mai 2006]].

1.24 Spanien

In Spanien gibt es seit 1988 ein Gesetz zur Fortpflanzungsmedizin *(Ley 35/1988)*. Das *Ley 35/1988* unterscheidet zwischen dem »Präembryo« (bis zum 14. Tag nach der Befruchtung), dem »Embryo« (15. Tag bis dritter Monat) und dem »Fötus«. Des weiteren wird zwischen lebensfähigen, nichtlebensfähigen und toten »Präembryonen« differenziert. Die ethische Debatte, die in Spanien geführt wird, entzündet sich in der Hauptsache an der Frage, bis wann ein Embryo »nichtlebensfähig« ist. Im *Ley 35/1988* werden Erzeugung und Nutzung der sog. »Präembryonen« reguliert, während in einem weiteren Gesetz *(Ley 42/1988)* die Spende und Verwendung von Embryonen – i. S. d. spanischen Rechts – und Föten normiert wird. Das letztere Gesetz wurde 1989 als verfassungswidrig angefochten, weil es gegen das verfassungsrechtlich garantierte Recht auf Leben (Art. 15) verstoße. Am 17. Juni 1999 entschied das Spanische Verfassungsgericht jedoch, dass das Gesetz 35/1988 verfassungsgemäß sei. Hauptargumente dieser Entscheidung sind u. a.:
– Art. 15 der Spanischen Verfassung garantiert kein grundsätzliches Lebensrecht des Ungeborenen;
– *in vivo* und *in vitro* gezeugte Embryonen verdienen Schutz;
– *»In-vitro-Präembryonen«* verdienen nicht den gleichen Schutz wie *»In-vivo-Präembryonen«*.

§ 6 *Ley 35/1988* beschränkt die zulässige Forschung an »Präembryonen«
auf Forschung
- für therapeutische Zwecke zu Gunsten des Embryo,
- für diagnostische Zwecke,
- für Grundlagenforschung.

Das Grundprinzip dieser Bestimmung ist, dass nur diejenige angewandte
Forschung an menschlichen Embryonen zulässig ist, welche diagnostischen, therapeutischen oder präventiven Charakter hat, die das nichtpatho-
logische Erbgut des jeweiligen Embryos nicht verändert und diesem außerdem zugute kommen kann. In diesem Sinne ist es nicht ausreichend, dass
die Forschung der Menschheit allgemein von Nutzen ist. *Ley 42/1988* bezieht sich auf die Forschung an toten, nicht lebensfähigen Embryonen und
Föten und erlaubt unter § 8 Abs. 2 den Einsatz gentechnischer Methoden
in der Embryonenforschung mit folgenden Zielsetzungen:
- für *in vitro*- und *in vivo*-Pränataldiagnostik, um die Weitergabe von Erbkrankheiten zu vermeiden oder diese zu behandeln;
- für industrielle Zwecke, welche vorbeugende oder therapeutische Ziele
  haben, soweit es keine alternativen Verfahren gibt;
- zur Geschlechtsselektion von Embryonen im Falle geschlechtsgebundener Erbkrankheiten;
- zur Schaffung von »beneficial genetic mosaics through surgery, by
  transplanting cells, tissues and organs from embryos and fetuses into
  patients in which they are lacking«;[49]
- für Grundlagenforschung an rekombinierter DNA.

Die Gewinnung embryonaler Stammzellen aus lebensfähigem Gewebe war
gemäß den Vorschriften des *Ley 35/1988* nicht zulässig, da hierdurch die
embryonale Entwicklung gefährdet würde.

Im April 2002 wurde vom Wissenschafts- und Technologieministerium[50] ein Ethikkomitee eingesetzt, das beratende Funktionen für die Regierung übernimmt. Im Gegensatz zur Nationalen Kommission für Fortpflanzungsmedizin – die im Zusammenhang mit dem Gesetz Nr. 35/1988
gegründet worden war, ihren vollen Status aber erst 1999 erhielt – lehnt das
Ethikkomitee die Verwendung humaner Embryonen zu Forschungszwe-

---

[49] Zitiert nach International Digest of Health Legislation 1991, 42 (1), 66.67, Aufrufbar unter
http://www3.who.int/idhl-rils/frame.cfm?language=english [8. Mai 2006].
[50] Vgl. die Webseite des Wissenschafts- und Technologieministerium: http://www.msc.es/
[8. Mai 2006].

cken ab. Darüber hinaus gibt es in Spanien das *Observatorio Bioetica y Derecho*[51], eine bioethische Forschungsinstitution im Wissenschaftspark von Barcelona. Auch dort spricht man sich für die Forschung mit Embryonen und embryonalen Stammzellen aus. In einer Erklärung zu embryonalen Stammzellen empfiehlt das *Observatorio* die Gesetzgebung dahingehend zu modifizieren, dass die Gewinnung von humanen embryonalen Stammzellen für Forschungszwecke unter Einsetzung einer Kontrollbehörde legalisiert wird.

Im März 2002 sprach sich die *Spanisch-Königliche Akademie der Medizin* gegen jegliche Verwendung von Embryonen für die Forschung aus. Vielmehr sollten sämtliche ›überzähligen‹ Embryonen Frauen eingepflanzt werden. Auch die Stammzellforschung wird ebenso wie jegliche Art des Klonens abgelehnt.

Am 21. November 2003 hat das spanische Parlament dem *Ley 45/2003* zur Änderung des bis dahin geltenden Gesetzes *Ley 35/1988* zur Fortpflanzungsmedizin zugestimmt.[52] Die neue Rechtslage zielt darauf, die Entstehung ›überzähliger‹ Embryonen soweit wie möglich zu verhindern. Unter anderem wird die Zahl der Eizellen, welche pro Zyklus befruchtet werden dürfen, auf drei beschränkt. Sollte es trotzdem zu der Erzeugung ›überzähliger‹ Embryonen kommen, so müssen diese für die Dauer des fruchtbaren Zyklus der Frau kryokonserviert werden. Das Paar hat die Möglichkeit, die Embryonen für die Verwendung im Rahmen anderer reproduktiver Projekte, sprich zur Adoption, freizugeben. Eine andere Verwendung ist nicht gestattet.

Eine hiervon abweichende Regelung trifft das Gesetz für Embryonen, welche vor Inkrafttreten der Gesetzesänderung kryokonserviert wurden. Für diese können die Eltern sich entscheiden, ob sie:

(1) verpflanzt werden,

(2) zur Verwendung im Rahmen anderer reproduktiver Projekte freigegeben werden,

(3) zur Forschung an biologischen Strukturen, welche zum Zeitpunkt des Auftauens aus ihnen gewonnen werden, freigegeben werden,

(4) ohne weitere Verwendungsoption aufgetaut werden sollen.

Option (3) eröffnet die Gewinnung embryonaler Stammzellen aus der-

[51] Vgl. die Webseite des *Observatorio Bioetica y Derecho:* http://www.ub.es/fildt/eobd.htm [8. Mai 2006].
[52] Mangels einer autorisierten englischen Übersetzung wird hier zurückgegriffen auf eine Zusammenfassung seitens des Europarates, abrufbar unter http://www.coe.int/T/E/Legal_Affairs/Legal_co-operation/Bioethics/News/Spain%20E.asp [8. Mai 2006].

artigen Embryonen. Das Gesetz stellt jedoch klar, dass der Embryo (oder per Definition des spanischen Rechts »Präembryo«) direkt nach dem Auftauen zur »Gewinnung biologischer Strukturen« verwendet werden muss und ihm keinesfalls die Weiterentwicklung ermöglicht werden darf.

Nicht geänderte Regelungen des Gesetzes 35/1988 bleiben in Kraft. Art. 161.2 des (in dieser Fassung seit dem 23. November 1985) geltenden Strafgesetzbuches *(Codigo penal)* sieht vor: »Die gleiche Strafe [ein bis fünf Jahre Haft und besonderes Verbot für die Anstellung oder Beschäftigung im öffentlichen Dienst oder Bekleidung öffentlicher Ämter für die Dauer von sechs bis zehn Jahren] wird bei Schaffung von identischen Menschen durch Klonen oder andere Methoden der Rassenselektion verhängt.«

Einige Fachleute und sogar der *Nationale Ausschuss zur künstlich unterstützten menschlichen Fortpflanzung (Comision Nacional de Reproduccion Humana Asistida)* in seinem ersten, im März 1999 veröffentlichten Bericht äußerten die Ansicht, dass der Text dieser Normen und konkret der des Strafgesetzbuches bezüglich der Reichweite des Verbots nicht eindeutig sei. Man könne nach dieser Gesetzeslage etwa argumentieren, das Klonen sei nur dann zu bestrafen, wenn es als Verfahren zur Rassenselektion angewendet wird. Nach anderer Ansicht bestehen jedoch beide Verbote, nämlich das des Klonens und das der Rassenselektion, unabhängig voneinander. Das reproduktive Klonen wird zudem durch § 20 des *Ley 35/1988* explizit verboten. Seit Anfang 2001 ist darüber hinaus das Zusatzprotokoll des Europarates zum Klonen auch für Spanien in Kraft. Dieses ächtet jegliche Form des reproduktiven Klonens und entfaltet insofern unabhängig von der engeren oder weiteren Auslegung des Art 162.2 Codigo Penal rechtliche Bindungswirkung in Bezug auf alle Formen des reproduktiven Klonens in Spanien.

Aus diesen Vorschriften, die das Verbot und die Bestrafung des Klonens immer im Zusammenhang mit der Fragestellung »Klonen zur Fortpflanzung« regeln, lässt sich ein Verbot des therapeutischen Klonens nicht ableiten. Allerdings verbietet *Ley 35/1988* die Herstellung von Embryonen zu anderen als Fortpflanzungszwecken. Demnach ist therapeutisches Klonen nicht erlaubt.

Das *Ley 35/1988* zur assistierten Fortpflanzung erlaubt die PID unter § 12 Abs. 1, soweit diese zur Vermeidung von Erbkrankheiten notwendig ist. Die Geschlechtsauswahl im Rahmen der PID ist strengstens verboten.

Die neue spanische Regierung hat 2006 einen Gesetzentwurf zur biomedizinischen Forschung eingebracht, der jedoch bislang nicht in Kraft getreten ist. Gemäß dem neuen *Gesetz zur biomedizinischen Forschung* ist

Forschung an Embryonen und Präembryonen[53] nur dann zulässig, wenn diese von den Erzeugern (nach einem IVF-Verfahren oder einer gescheiterten Schwangerschaft) gespendet wurden und diese nicht mehr entwicklungsfähig sind. Forschung an Embryonen *in vivo* ist weiterhin nur dann zulässig, wenn sie therapeutische Zwecke verfolgt, welche dem Embryo selbst zugute kommen. Die Erzeugung von Embryonen oder Präembryonen zu Forschungszwecken ist gemäß Art. 33 Abs. 1 des Gesetzes weiterhin unzulässig. Zulässig ist aber gemäß Art. 33 Abs. 2 die Gewinnung von Stammzellen aus solchen Embryonen, die nicht eigens zu Forschungszwecken hergestellt wurden. Dabei wird ausdrücklich auch die Gewinnung von embryonalen Stammzellen aus (Prä-)Embryonen erlaubt, die durch Verfahren des Kerntransfers erzeugt worden sind. Dies ist dadurch möglich, dass biologische Entitäten, die durch Kerntransfer entstanden sind, in diesem Gesetz weder unter die Definition des Embryos noch des Präembryos fallen. Nach dem neuen Gesetzesentwurf wäre therapeutisches Klonen somit nicht verboten.

Einschlägige Regelungen:
- Gesetz zur assistierten Fortpflanzung Nr. 35/1988. [In spanischer Sprache: http://www.boe.es/boe/dias/2003–11–22/pdfs/A41458–41463.pdf, englischer Auszug http://www.glphr.org/genetic/europe2–7.htm [29. Mai 2007]].
- Gesetz zur Nutzung von Gameten, Embryonen und Föten Nr. 42/1988. [http://www.boe.es/g/es/bases_datos/doc.php?coleccion=iberlex&id=1988/29681 [09. August 2007].
- Kapitel V des Spanischen Strafgesetzbuches. [http://noticias.juridicas.com/base_datos/Penal/lo10–1995.html [29. Mai 2007]].
- Gesetz zur biomedizinischen Forschung vom 22. Dezember 2006 [Gesetzesentwurf].
  [http://www.isciii.es/htdocs/presentacionyestructura/secretaria/pdf/Proyecto_Ley_de_investigacion_biomedica.pdf [31. Mai 2007]].

1.25 Tschechien

Im Kontext des Beitrittes zum *Übereinkommen über Menschenrechte und Biomedizin* hat es in der Republik Tschechien eine Diskussion über adäquate Schutzstandards für das vorgeburtliche menschliche Leben gegeben. Aus-

---

[53] Als Präembryo definiert das *Gesetz zur biomedizinischen Forschung* solche Entitäten, die durch Verschmelzung von Ei- und Samenzelle *in vitro* entstanden sind, bis zum 14. Tag ihrer Entwicklung.

gehend von Art. 18 Abs. 1 des Übereinkommens, der einen »angemessenen Schutz« für Embryonen verlangt, soweit die Forschung an Embryonen zugelassen ist, wurde konstatiert, dass das geltende nationale Recht mit den völkerrechtlichen Verpflichtungen der Republik Tschechien nicht in Einklang steht. Um den völkervertraglichen Verpflichtungen nachzukommen und Rechtssicherheit zu schaffen, wurde daher vom tschechischen Erziehungsministerium der *Draft bill on research on human embryonic stem cells* eingebracht. Der Entwurf wurde am 02. Februar 2006 vom Unterhaus angenommen und trat mit Gegenzeichnung durch den Präsidenten am 12. Mai 2006 in Kraft[54]. Das Gesetz beschäftigt sich nur mit der Gewinnung und dem Import humaner embryonaler Stammzellen und den rechtlichen Bedingungen einer Forschung an ihnen. Die PID wird durch das Gesetz nicht berührt, einschlägige Regelungen hierzu konnten nicht ermittelt werden. Von dem Gesetz unberührt bleibt ebenfalls das Verbot des Klonens, das im tschechischen *Criminal Code* (mit bis zu acht Jahren Freiheitsstrafe) verankert ist. Die Republik Tschechien hatte sich bei der Diskussion um die internationale Ächtung des Klonens auf die Seite derjenigen Staaten geschlagen, die alle Formen des Klonens (auch das therapeutische) mit einem internationalen Bann belegen wollen.

Das Gesetz sieht vor, Forschung an embryonalen Stammzellen zu erlauben, soweit diese entweder unter Wahrung der Grundsätze des tschechischen Rechts zum Zwecke der Forschung importiert wurden oder aus ›überzähligen‹ Embryonen in Tschechien gewonnen wurden. Voraussetzung für die Genehmigung derartiger Forschung ist einerseits (ähnlich dem Kriterium der Hochrangigkeit im deutschen StZG), dass »... it serves scientific goals for obtaining significant scientific data in the course of research or for enlarging medical knowledge in development of diagnostical, preventive or therapeutical methods applicable on the man«, andererseits (ähnlich den Kriterien der Subsidiarität und Alternativlosigkeit im deutschen StZG), dass »... according to the current knowledge of science and technology it solves questions that are to be clarified through the research project, and that have already been studied on in-vitro models with animal cells or in experiments on animals ...« und dass »expected scientific contribution to the issue could be reached only if using human embryonic stem cells.«[55]

Die Gewinnung von Stammzellen aus ›überzähligen‹ Embryonen setzt gemäß § 3.2.1 des Entwurfes die schriftliche Zustimmung beider geneti-

---

[54] Gemäß Information aus http://mbbnet.umn.edu/scmap.html [10. August 2007].
[55] Sect. 3.2 No. 2.

schen Eltern (soweit verheiratet; sonst muss nur die Mutter zustimmen) zu einem Zeitpunkt nach Abbruch des IVF-Verfahrens voraus. Die Spender müssen über Verfahren und weiteren Verwendungszweck des Embryos und der Stammzellen informiert werden, und es darf keine finanzielle Kompensation gezahlt werden. Bis zum Zeitpunkt der Stammzellgewinnung kann die Zustimmung jederzeit schriftlich widerrufen werden.

Die Zulassungsbehörde für die Gewinnung humaner embryonaler Stammzellen holt vor der Erteilung oder Verweigerung der Genehmigung das Votum einer Ethikkommission ein. Bei Genehmigungen zum Import ist dieses Votum fakultativ. Das Gesetz schlägt mehrere Varianten für die Situierung der Genehmigungsbehörde und der Ethikkommission vor, unter anderem beim Erziehungs- und Gesundheitsministerium oder der tschechischen Akademie der Wissenschaften. Weitere Voraussetzung für eine Genehmigung von Importen ist, dass die Stammzelllinien im Ausland nach den Maßgaben des Gesetzentwurfes (i. e. aus ›überzähligen‹ Embryonen) erzeugt wurden und hierüber ein Nachweis geführt wird. Ebenfalls normiert sind Regularien über die Zusammensetzung und das Verfahren des Ethikkomitees.

Einschlägige Regelungen:
–   Bill on research on human embryonic stem cells (im Stadium der Beratung) (Übersetzung des Ministry of Health). [http://www.msmt.cz/Files/VedaAVyzkum/Odbor_34/Zakon_o_LEKB/Draft_bill_ad_GR1102.htm [08. Mai 2006]].

1.26 Ungarn

Nur wenige Regelungen des ungarischen Rechts im Bereich der Biomedizin sind in englischer Sprache erhältlich. Die Aussagen, die im Folgenden getroffen werden, beziehen sich auf Zusammenfassungen der Rechtslage von dritter Seite.

Das *Law No. 154 on public health* vom 15. Dezember 1997 enthält in Kapitel VIII unter anderem Regelungen zur Embryonenspende (§§ 175–179), zur Zulässigkeit der Forschung an Embryonen und Gameten (§§ 180–182) und zum IVF-Verfahren.[56] Dem übersetzten Abstract ist zu entnehmen, dass Prozeduren zur Feststellung des Geschlechts eines Kindes vor dessen Geburt im Hinblick auf Diagnose und Vermeidung schwerer geschlechts-

---

[56] Siehe die Zusammenfassung des Gesetzes im International Digest of Health Legislation, unter Hungary, http://www3.who.int/idhl-rils/frame.cfm?language=english [8. Mai 2006].

gebundener Erbkrankheiten zulässig sind. Hierin liegt ein Hinweis auf die Zulässigkeit von PID in Ungarn. Ein Ministerialerlass, der sich mit der Nutzung humaner embryonaler Stammzellen befasst (21/1998. (VI.3.) MH decree (15/B attachment)), liegt nicht in englischer Sprache vor.

Die Quellenlage deutet aber darauf hin, dass das *Law on public health* die Forschung an ›überzähligen‹ Embryonen unter bestimmten Voraussetzungen gestattet und dass die Bedingungen zur Gewinnung von Stammzellen durch oben genannten Ministerialerlass näher ausgestaltet werden.[57] Keine definitiven Aussagen können über die Zulässigkeit der Erzeugung von Embryonen zu Forschungszwecken und das therapeutische Klonen getroffen werden. *Ex negativo* kann aber aus der Tatsache, dass Ungarn bei Übersichten zur Zulässigkeit dieser Techniken nicht als eines der Länder genannt wird, in denen sie gestattet werden, wohl geschlossen werden, dass weder die Erzeugung von Embryonen zu Forschungszwecken noch das therapeutische Klonen in Ungarn zulässig sind.

Ungarn ist Signatarstaat des *Übereinkommens über Menschenrechte und Biomedizin* des Europarates und des Zusatzprotokolls zum Klonen. Beide sind mit Wirkung für Ungarn am 01. Mai 2002 in Kraft getreten. Es besteht insofern zumindest eine völkerrechtliche Verpflichtung, das reproduktive Klonen zu ächten.

Einschlägige Regelungen:
- Law No. 154 on public health vom 15. Dezember 1997.
- 21/1998. (VI.3.) Ministry of Health H decree (15/B attachment): ES Zellen.

1.27 Zypern

Mit Ausnahme eines Gesetzes zum Schutz von Patientenrechten aus dem Jahr 2005 gibt es in Zypern keine einschlägigen Regelungen zu dem behandelten Rechtsbereich. Mangels entgegenstehender Rechtsnormen sind somit die Forschung an Embryonen, die Gewinnung embryonaler Stammzellen aus ›überzähligen‹ Embryonen, die Erzeugung von Embryonen zu Forschungszwecken und die PID zulässig. Davon abgesehen ist schwer zu beurteilen, wie entsprechende Forschungsvorhaben nach zyprischem Recht gehandhabt, insbesondere welche verwaltungsrechtlichen Vorschriften eingreifen würden. Denkbar wäre z. B. (siehe auch Malta), dass sich ein Verbot entsprechender Praktiken aus allgemeinen Normen des zyprischen Verfas-

---

[57] In diesem Sinne zu deuten wohl European Commission, Directorate E 2003.

sungsrechtes oder aufgrund des allgemeinen Polizei- und Ordnungsrechts unter Berufung auf eine Störung der öffentlichen Ordnung und/oder Sicherheit bzw. Gefahr für diese Güter rechtfertigen ließe.

Zypern ist Signatarstaat des *Übereinkommens über Menschenrechte und Biomedizin* sowie des Zusatzprotokolls zum Klonen, welches mit Wirkung für Zypern am 01. Juli 2002 in Kraft getreten ist. Aus Art. 1 Abs. 1 des Zusatzprotokolls ergibt sich damit ein Verbot des reproduktiven Klonens mit Wirkung für Zypern. Zudem folgt aus Art. 18 Abs. 1 des *Übereinkommens über Menschenrechte und Biomedizin* die Pflicht, für einen angemessenen Schutz von Embryonen zu sorgen, soweit Forschung an Embryonen zugelassen wird.

Einschlägige Regelungen:
Bisher sind keine einschlägigen Regelungen verabschiedet worden.

2. Ausgewählte außereuropäische Länder

2.1 Australien

Die australische Rechtslage ist durch ein Spannungsverhältnis zwischen der Gesetzgebung des Commonwealth und der Bundesstaatsebene einerseits, der Einzelstaaten und Territorien andererseits gekennzeichnet. Das Bundesparlament hat im Jahr 2000 ein Gesetz zur Gentechnologie verabschiedet, in dem unter anderem auch die Frage des Klonens geregelt wird. Auf Grund der gewählten Rechtsform tritt dieses Gesetz jedoch hinter einzelstaatliche Vorschriften – soweit diese erlassen werden – zurück. Gegenwärtig gibt es in drei australischen Einzelstaaten Gesetze zum Problemkreis der Fortpflanzungsmedizin, welche einschlägige Normen auch zum Klonen enthalten. Andere Staaten haben teilweise keine eigenen gesetzlichen Regelungen, sondern verfahren nach den in diesem Fall verbindlichen Richtlinien *Ethical guidelines on assisted reproductive technology* von 1996 des *National Health and Medical Research Council* (NHMRC).[58]

Vor diesem Hintergrund einigten sich die einzelnen Staaten und Territorien darauf, ein Regelwerk zu schaffen, das die Einheitlichkeit der Rechtslage im gesamten Land gewährleisten soll. Der Commonwealth entwickelte durch den NHMRC unter Heranziehung der Implementation Working Group (CIWG) des Council of Australian Governments (CO-AG) den *Research involving human embryos act 2002* und den *Prohibition of human cloning act 2002*. Diese Gesetze dienen den Einzelstaaten als Rahmen, um eine konsistente und einheitliche Gesetzgebung zu erreichen. Insoweit werden ethische und wissenschaftliche Aspekte der Fortpflanzungmedizin geregelt. Dabei werden bestimmte Praktiken verboten und die Verwendung ›überzähliger‹ Embryonen reguliert.

Der *Prohibition of human cloning act 2002* verbietet sowohl das therapeutische als auch das reproduktive Klonen, Zuwiderhandlungen werden mit

---

[58] Publikationen des NHMRC unter: http://www.health.gov.au/nhmrc/index.htm [08. Mai 2006].

bis zu 15 Jahren Gefängnis unter Strafe gestellt. Außerdem sind die Herstellung eines Embryos, der die DNA von mehr als zwei Personen enthält, und die Weiterentwicklung von Embryonen in Laboren über den 14. Tag nach der Befruchtung hinaus Vergehen im Sinne des Gesetzes. Das Gesetz ächtet ferner die Keimbahntherapie beim Menschen sowie den Handel mit menschlichen Eizellen, Spermien und Embryonen. Der *Prohibition of human cloning act 2002* ist seit dem 16. Januar 2003 in Kraft.

Der *Research involving human embryos act 2002* sieht für die Nutzung von Embryonen zu Forschungszwecken und für die Entwicklung neuer embryonaler Stammzelllinien ein Lizenzierungssystem vor. Danach dürfen nur solche Embryonen verwendet werden, die im Rahmen eines akkreditierten Programms für Reproduktionsmedizin (assisted reproductive technology program, ART) gewonnen wurden und bereits vor dem 05. April 2002 existierten. Genehmigungen werden vom Embryo Research Licensing Committee beim NHMRC erteilt.[59] Premierminister John Howard sowie mehrere Regierungschefs der Einzelstaaten und Territorien verständigten sich darauf, dass die Forschung sich zunächst auf diejenigen 16.000 eingefroren Embryonen beschränken soll, die nicht mehr für IVF-Programme benötigt werden, sofern die erforderliche Einwilligung vorliegt.

Der *Research involving human embryos act 2002* ist am 19. Juni 2003 in Kraft getreten.

Diejenigen Staaten, die bereits eigene gesetzliche Regelungen hatten, haben sich einverstanden erklärt, ihre Gesetze dahingehend zu ändern, dass Konsistenz und Einheitlichkeit des Rechts in ganz Australien in Bezug auf Forschung an Embryonen, Stammzellforschung und Klonen gewährleistet ist.

Embryonenforschung ist in Australien unter der Kontrolle des NHMRC Lizenzkomitees und unter den Voraussetzungen des *Research involving human embryos act 2002* grundsätzlich zulässig.

Soweit Embryonenforschung betrieben wird, sind folgende Auflagen zu beachten:
- es muss ein signifikanter Wissensfortschritt, z.B. für die Fortpflanzungsmedizin, Gewinnung von Stammzelllinien oder die Entwicklung des Embryos, in Aussicht stehen,
- die Forschung darf nicht mehr als eine zuvor festgelegte Anzahl von Embryonen verbrauchen,
- die Gametenspender müssen zugestimmt haben und
- der Embryo darf nicht älter als 14 Tage sein.

---

[59] Das Komitee ist eine neue Abteilung des NHMRC.

Eine Person oder Einrichtung, die von einem sogenannten »excess ART embryo« Gebrauch machen will, muss entweder in den Anwendungsbereich ausnahmsweise zulässigen Gebrauchs im Sinn des *Research involving human embryos act 2002* oder des *Prohibition of human cloning act 2002* fallen oder über die erforderliche behördliche Genehmigung seitens des NHMRC Lizenzkomitees verfügen. Die Verwendung ›überzähliger‹ Embryonen bedarf nur dann keiner Genehmigung, wenn es sich um die Aufbewahrung bzw. das Ende der Aufbewahrung ›überzähliger‹ Embryonen, den Transport ›überzähliger‹ Embryonen oder Ähnliches handelt. Demgegenüber bedürfen einer Genehmigung durch das NHMRC Lizenzkomitee insbesondere die Forschung an Embryonen mit dem Ziel, ein besseres Verständnis der Embryonenentwicklung zu erlangen, die Unterrichtung in Reproduktionsmedizin-Technologien und Ähnliches.

Das behördliche Genehmigungsverfahren ist an eine umfassende Vorprüfung durch das NHMRC Lizenzkomitee gebunden. Forschung an Embryonen darf nur bis zum 14. Tag der Embryonalentwicklung durchgeführt werden. Die maximale Frist der Kälteverwahrung beträgt zehn Jahre.

Die Verwendung menschlicher Embryonen zur Gewinnung von Stammzelllinien ist nach dem *Research involving human embryos act 2002* grundsätzlich in den folgenden Fällen zulässig:

– der Embryo existierte bereits vor dem 05. April 2002,
– die Zellen werden im Verlauf einer routinemäßigen reproduktionstechnischen klinischen Maßnahme gewonnen, oder
– es handelt sich um einen durch assistierte Reproduktionsmedizin gewonnenen ›überzähligen‹ Embryo (excess ART embryo), und die Frau, für die dieser Embryo geschaffen wurde, stimmt einer Verwendung zu und
– die Verwendung ist durch eine behördliche Genehmigung gestattet.

Betroffene Paare können einen Embryo auch selbst als ›überzählig‹ definieren, indem sie dies entweder schriftlich fixieren oder indem sie ihn einer Einrichtung zur Verfügung stellen, welche ihn für andere Zwecke als die Herbeiführung einer Schwangerschaft verwendet.

Maßnahmen, bei denen menschliche Embryonen auf andere Weise als durch Verschmelzung einer menschlichen Ei- mit einer Samenzelle entstehen, sind ausweislich der Klauseln 12–22 des *Research involving embryos act 2002* und des *Prohibition of human cloning act 2002* verboten, mit der Folge, dass insbesondere therapeutisches Klonen unzulässig ist. Bis zum Inkrafttreten dieses Gesetzes war das reproduktive Klonen in Victoria, Western

Australia und South Australia verboten. Auch Art. 192 B des *Gene technology act* verbietet »cloning of a whole human being«. Die Formulierung der Gesetze definiert jedoch Klonen als die Erzeugung genetisch identischer Repliken. Auf Grund der abweichenden mitochondrialen DNA ist die Kerntransfermethode nicht von diesem Verbot erfasst. Während der Beratungsphase des Bundesparlamentes zum *Gene technology act* erging eine Empfehlung, die Formulierung so zu wählen, dass auch das Klonen durch Kerntransfer erfasst wird. Diese Empfehlung wurde nicht berücksichtigt. Ein Bericht des *Health Ethics Committee* differenzierte zwischen therapeutischem und reproduktivem Klonen und stellte sich auf den Standpunkt, dass Ersteres nicht von den Verboten erfasst werde. Man gab die Empfehlung, die an das therapeutische Klonen gebundene Forschung nicht durch neue Gesetze zu behindern, sondern die entsprechenden Forschungsprojekte den Maßstäben der bestehenden Richtlinien zu unterwerfen. In drei Jahren sollte in Bezug auf das therapeutische Klonen eine Überprüfung der Rechtslage stattfinden, ob die bestehenden Regelungen unter dem Gesichtspunkt der Forschungssituation und -entwicklung noch angemessen sind. Am 12. Dezember 2006 nahm das Parlament einen Gesetzentwurf zur Änderung des bestehenden Gesetzes an, durch den das therapeutische Klonen vom fortbestehenden Klonverbot ausgenommen wurde.

Die verschiedenen Anwendungsformen der Fortpflanzungsmedizin fallen unter die Gesetzgebungskompetenz der Einzelstaaten und Territorien. Victoria verbietet in § 50 des *Infertility treatment act* von 1995 explizit die nicht-medizinisch indizierte Geschlechtsbestimmung, ebenso South Australia in § 13 des *Reproductive technology act* von 1988. In anderen Staaten gelten mangels eigener Regelungen die Richtlinien des NHMRC. In den Richtlinien erscheint PID nicht auf der Liste der inakzeptablen Praktiken. Zumindest wenn genetisch schwerwiegende Störungen drohen, ist PID erlaubt.

Einschlägige Regelungen:

- Gene technology act vom 21. Dezember 2000 (Commonwealth Gesetzgebung). [http://www.comlaw.gov.au/ComLaw/Management.nsf/lookupindexpagesbyid/IP200401847?OpenDocument [07. September 2006]].
- Gesetze zur Fortpflanzungsmedizin der Einzelstaaten (South Australia, Victoria und Western Australia).
- Prohibition of human cloning act 2002 (in Kraft seit dem 16. Januar 2003). [http://www.nhmrc.gov.au/publications/synopses/prohibitsyn.htm [07. September 2006]].
- Prohibition of Human Cloning for Reproduction and the Regulation of Human Embryo Research Amendment Act 2006 vom 12. Dezember 2006). [http://www.austlii.edu.au/au/legis/cth/num_act/pohcfratroheraa20061722006942/ [31. Mai 2007]].

- Research involving human embryos act 2002 (in Kraft seit dem 19. Juni 2003). [http://www.nhmrc.gov.au/publications/synopses/embryactsyn.htm [07. September 2006]].

2.2 China

In der Volksrepublik China ist die Forschung an humanen embryonalen Stammzellen durch den gemeinsamen Erlass des Ministeriums für Wissenschaft und Technologie und des Gesundheitsministeriums *Ethical guiding principles on human embryonic stem cell research* vom 24. Dezember 2003 geregelt.[60]

Verboten ist gemäß diesem Erlass jedwede Forschung, die auf das reproduktive Klonen zielt.

Zulässig sind hingegen die Gewinnung von Stammzellen aus ›überzähligen‹ Embryonen nach beendigten IVF-Verfahren sowie die Gewinnung aus Embryonen, welche mittels SCNT oder parthenogenetischem Embryosplitting erzeugt wurden, und letztlich die Gewinnung aus fetalem Gewebe nach spontanem oder absichtlichem Abort.

Voraussetzung für die Zulässigkeit der Forschung ist zudem,

- dass eine schriftliche Zustimmung durch die Spender nach vorheriger Aufklärung vorliegt,
- dass sich der Embryo aus dem IVF-Verfahren bzw. der durch SCNT gewonnene Embryo nicht über den 14. Tag hinaus entwickelt hat und
- dass die durchführende Institution über ein Ethikkomitee verfügt, welches ihre Aktivitäten begleitet und überwacht. Der Erlass erwähnt nicht, dass ein positives Votum des Ethikkomitees vorliegen muss, damit das Forschungsprojekt beginnen kann.

Zur PID konnten keine Regulierungen recherchiert werden. Die insgesamt permissive Haltung der chinesischen Regierung in Fragen der genetischen Selektion und Eugenik macht jedoch die durch verschiedene Quellen behauptete Zulässigkeit der PID in China plausibel.[61] Eine besondere Problematik entsteht jedoch auf Grund der Ein-Kind-Politik in China und dem kulturell motivierten Wunsch nach männlichen Nachkommen. Hier

---

[60] Autorisierte Übersetzung abgedruckt in DRZE 2005: 153 ff.
[61] Etwa Beneker 2003. Siehe zur Haltung der chinesischen Regierung in Sachen Eugenik auch Bundeszentrale für politische Bildung 2003.

wird das Problem der denkbaren Anwendung von PID zu anderen als strikt therapeutischen Zwecken besonders augenfällig.

Einschlägige Regelungen:

– Ethical guiding principles on human embryonic stem cell research von 2003 (Erlass). [http://www.chinaphs.org/bioethics/regulations_&_laws.htm#EGPHECR (Da diese Seite bei Redaktionsschluss einen Defekt hatte -Sprungmarke fehlt-, scrollen Sie bitte zum letzten Dokument.) [31. Mai 2007]].

2.3 Indien

In Indien bildeten bis 2006 die *Draft guidelines for stem cell research regulation* des *Indian Council of Medical Research* (ICMR) aus dem Jahre 2004 das maßgebliche Regelwerk für die Stammzellforschung. Das ICMR ist die von der indischen Regierung zur Regulierung medizinischer Forschung ermächtigte Institution. Obgleich die Richtlinie das Entwurfsstadium nie verlassen hat, ist davon auszugehen, dass sie als Handlungsleitlinie des ICMR samt angegliederter Institutionen faktische Wirkungskraft zur Regelung der einschlägigen Materien entfaltet hat. Ähnliches muss für den Nachfolgeentwurf angenommen werden.

Die *Draft Guidelines* enthielten bezüglich der Forschung an embryonalen Stammzellen folgende Vorgaben:

(1) Die Erzeugung von Embryonen zu Forschungszwecken ist nicht gestattet.

(2) Der Schwangerschaftsabbruch zum Zwecke der Erlangung von Föten zur Stammzellgewinnung oder Gewebetransplantation ist nicht gestattet.

(3) Die Gewinnung von Stammzellen aus ›überzähligen‹ Embryonen ist gestattet, sofern das Spenderpaar zustimmt und der ursprüngliche IVF-Vorgang an einer registrierten Klinik für Fortpflanzungsmedizin vorgenommen wurde.

(4) Erzeugte humane embryonale Stammzelllinien müssen registriert werden.

(5) Das reproduktive Klonen ist verboten.

(6) Das therapeutische Klonen kann auf einer Fall-zu-Fall-Basis genehmigt werden.

(7) Sämtliche Projekte müssen von einem *National Apex Committee* (NAC) überprüft und genehmigt werden.

Unter den Vorgaben der *Draft Guidelines* war die NAC zugleich für die Registrierung einschlägiger Forschungseinrichtungen zuständig und war vom *Ministry of Health & Family Welfare* zum Erlass näherer Durchführungsbestimmungen ermächtigt.

Auch im Rahmen der Diskussion zu einer UN-Konvention hatte sich Indien gegen das Klonen zu reproduktiven Zwecken ausgesprochen. Bezüglich des therapeutischen Klonens wurde auch in diesem Zusammenhang eine case-by-case Vorgehensweise befürwortet und dabei auf eine entsprechende Stellungnahme in Abstimmung mit dem *National Bioethics Committee* Bezug genommen.[62]

Durch die *Ethical guidelines for biomedical research on human subjects* des ICMR wird die Forschung an Embryonen nach dem 14. Tag ihrer Befruchtung untersagt. Daraus kann im Umkehrschluss entnommen werden, dass die Forschung zu früheren Stadien unter bestimmten Voraussetzungen zulässig ist. Zu diesen Voraussetzungen machen die *Guidelines* keine näheren Ausführungen.

Mit Inkrafttreten der *ICMR–DBT Guidelines For Stem Cell Research And Therapy* von 2006 würde sich diese Lage in einem entscheidenden Punkt ändern:

Gemäß Abschnitt 6.2.1 der *Guidelines* ist die Herstellung einer Zygote mittels IVF oder SCNT zum spezifischen Zweck der Gewinnung von Zelllinien unter den gleichen Voraussetzungen statthaft, die auch für die Gewinnung von Zelllinien aus ›überzähligen‹ Embryonen gelten:

(1) die Forschungsziele können nicht durch andere Ansätze (einschließlich der Forschung an adulten Stammzellen) erreicht werden (Sektion 9.1),

(2) es gibt noch keine Zelllinie, die zur Erreichung des Forschungszieles genutzt werden könnte (Sektion 9.2),

(3) die Forschung dient der Vermehrung des Wissens über die Embryonalentwicklung, Fehlgeburten und Geburtsdefekte, kann zur Diagnose von Missbildungen am Embryo vor Implantation beitragen, kann zur Verbesserung von Unfruchtbarkeitsbehandlungen oder Methoden der Geburtenverhütung beitragen, verbessert das Wissen über schwere Krankheiten und deren Behandlung oder kann zur Entwicklung von Methoden zur Behandlung kranker oder beschädigter Organe beitragen (Sektion 9.3 bis 9.6),

---

[62] United Nations Information Service 2005. Es ist zu vermuten, dass es sich bei dem zitierten Dokument um die *Draft guidelines for stem cell research regulation* des *Indian Council of Medical Research* handelt. Von Interesse in diesem Zusammenhang ist, dass diese Richtlinien in Abstimmung mit dem beim *Ministry for Science and Technology* angesiedelten *National Bioethics Committee* erarbeitet wurden.

(4) es muss ein klarer Nachweis über die Mindestzahl der zu zerstören-den Embryonen geführt werden und (Sektion 9.7),

(5) das Forschungsteam sollte über angemessene Erfahrungen bei der Gewinnung humaner oder nicht-humaner ES-Zellen verfügen (Sektion 9.8).

Mangels entgegenstehender Vorschriften ist die PID in Indien wohl zuläs-sig. Ähnlich wie in China entsteht jedoch auf Grund der restriktiven Ge-burtskontrollpolitik und der soziokulturell bedingten Bevorzugung von männlichen Nachkommen ein besonderes Problem bei der Anwendung der PID zu anderen als therapeutischen Zwecken.

Einschlägige Regelungen:
– Draft guidelines for stem cell research regulation des Indian Council of Medical Re-search von 2004. [http://www.icmr.nic.in/publication.html [11. Mai 2006]].
– ICMR-DBT Guidelines For Stem Cell Research And Therapy.
   [http://www.icmr.nic.in/stem_cell/Stem_cell_guidelines.pdf [30. November 2006]].
– Ethical guidelines for biomedical research on human subjects von 2000. [http://www.icmr.nic.in/ethical.pdf [07. September 2006]].

2.4 Israel

Der Lebensschutz und die Hilfspflicht nehmen in Israel eine gleichwertige Stellung ein. Neuen medizinischen Entwicklungen steht die jüdische Reli-gion positiv gegenüber. Dabei wird der Embryo grundsätzlich vom Zeit-punkt der Befruchtung als schutzwürdig betrachtet. Um einen absoluten Lebensschutz handelt es sich dabei, anders als nach der Lehre der römisch-katholischen Kirche, jedoch nicht, da der Embryo als Teil der Mutter und nicht als eigenständige Person angesehen wird. Embryonen, die außerhalb des Mutterleibes gezeugt werden, haben einen anderen ethischen Status als »natürliche Embryonen«. Aus dieser Perspektive kann Forschung an ›überzähligen‹ Embryonen oder auch das therapeutische Klonen gerecht-fertigt sein. 1999 verabschiedete die Knesset den *Prohibition of Genetic In-tervention Act*. Erklärter Zweck dieses Gesetzes ist es, für die Dauer von fünf Jahren ein Verbot bestimmter genetischer Eingriffe am Menschen zu untersagen und eine Einschätzung der moralischen, rechtlichen, sozialen und wissenschaftlichen Implikationen solcher Eingriffe und deren Bezug zur menschlichen Würde zu erleichtern.[63]

---

[63] Lesenswert zu den religiös-kulturellen Hintergründen Rosner 2001: 205 ff.

Das israelische *Ministry of Health* hat ein sogenanntes *Helsinki Committee for Genetics* eingesetzt mit dem Zweck, Anträge für genetische Forschungsprojekte unter Einbeziehung menschlicher Lebewesen, einschließlich der Forschung an prä-implantiven Embryonen, von Fall zu Fall zu prüfen und zu billigen bzw. abzulehnen. Als Richtlinien für dieses Komitee dienen dabei die Empfehlungen des israelischen *Bioethics Advisory Committee* aus dessen Report »The use of embryonic stem cells for therapeutic research« vom August 2001.

Über die rechtlichen Rahmenbedingungen der Stammzellgewinnung in Israel liegen keine Informationen vor.

Das Klonverbot des *Prohibition of Genetic Intervention Act* erstreckt sich lediglich auf die dort in Bezug genommenen genetischen Eingriffe (Klonen von Menschen und genetische Modifikation reproduktiver Zellen), nicht jedoch auf andere Arten genetischer Forschung oder therapeutischer genetischer Eingriffe (beispielsweise an Zellen und Geweben abgetriebener Feten). Insbesondere wird das therapeutische Klonen nicht von diesem Gesetz umfasst.

Über die rechtliche Lage bezüglich der Erlaubtheit von PID und Embryonenforschung ließen sich keine Informationen recherchieren. Es gibt allerdings ein Gesetz mit einschlägigen Regelungen zu Humanexperimenten (*Public Health Regulation Nr. 5740* von 1980). Gemessen an der jüdischen Tradition der halachischen Ethik, welche den Beginn der Schutzwürdigkeit vorgeburtlichen menschlichen Lebens sehr spät (ab dem vierzigsten Tag) verortet, kann aber davon ausgegangen werden, dass der Forschung an Embryonen in Israel keine unüberwindlichen rechtlichen Hürden entgegenstehen.

Einschlägige Regelungen:
– Prohibition of Genetic Intervention Law (Cloning Human Being and Genetic Modification of Reproductive Cells) Nr. 5759 von 1998.

2.5   Japan

Japan befindet sich im Spannungsfeld zwischen der im japanischen Shintoismus vertretenen Heiligkeit des Lebens und einem großen Fortschrittsglauben. Dieser scheint in Bezug auf die Embryonenforschung gemeinsam mit dem Argument des wissenschaftlich-technologischen Wettbewerbs mit anderen Staaten überwogen zu haben. Im Jahr 2000 wurde ein Gesetz verabschiedet, das die Forschung an ›überzähligen‹ Embryonen erlaubt, die bei künstlicher Befruchtung entstehen und sonst vernichtet würden.

In Bezug auf das Klonen von Menschen hat sich indes der in der japanischen Gesellschaft verankerte Glaube an den »Kami«, den Geist, der sich in der ganzen Natur in einer unendlichen Vielfalt von Gestalten manifestiert, durchgesetzt. In diesem Kontext sind Genmanipulation und Klonen als verwerflich zu betrachten, da sie in die Natur eingreifen und nicht mit der Unversehrtheit des »Kami« vereinbar sind.[64] Vor diesem Hintergrund und unter dem Eindruck der Geburt des Klonschafes Dolly trat im Juni 2001 in Japan das *Gesetz zu Regulierung von Klontechniken und ähnlichen Techniken*[65] (folgend *Anti-Klongesetz*) in Kraft, welches das Klonen von Menschen unter Strafe, nämlich bis zu zehn Jahren Freiheitsstrafe stellt. Dem Gesetz ging zudem eine intensive gesellschaftliche Debatte voraus, nachdem Ende 1999 / Anfang 2000 bekannt wurde, dass Forschergruppen an der landwirtschaftlichen Universität Tokio einen hybriden Embryo aus menschlichen und tierischen Zellen entwickelt hatten. Das Gesetz wurde von allen wichtigen politischen Formationen unterstützt, und die Sorgen um die Gefahren von Genmanipulation und grenzenloser Forschungsfreiheit schlagen sich in der Verabschiedung des Gesetzes nieder. Dem Gesetzestext ist zu entnehmen, dass »die Überführung einer somatischen menschlichen in eine menschliche Eizelle, aus welcher der Kern entfernt worden ist, und die Einpflanzung dieses geklonten Embryos in den Uterus eines Menschen oder eines Tieres verboten« sind. In dem Gesetz wird das Klonen von menschlichen Lebewesen als eine antisoziale Handlung, die gravierende Konsequenzen für die Aufrechterhaltung der menschlichen Würde hat, bezeichnet. Der Gesetzestext stellt aber klar, dass die Handlung, an welche die Strafbarkeit anknüpft, nicht die Herstellung des Embryos, sondern sein Transfer in einen menschlichen oder tierischen Uterus ist. Zudem wird zwischen verschiedenen Typen von Embryonen unterschieden. Art. 4 des Gesetzes definiert neun Typen von »spezifischen Embryos«, deren Transfer nicht unter Strafe durch das Gesetz steht. Der Umgang mit diesen Embryonen ist durch spezielle Ausführungsverordnungen des Ministeriums für Bildung, Kultur, Sport, Wissenschaft und Technologie (MEXT) zu regeln. Die Delegation der Regelungsbefugnis in diesem Bereich an eine Exekutivbehörde ist, zumindest vom Standpunkt europäischer Gesetzgebungstechnik, ein sehr ungewöhnlicher Vorgang[66].

---

[64] Vgl. Schoettli 2001.
[65] Abgedruckt in DRZE 2005: 263 ff.
[66] Dazu näher Spranger 2001: 702.

Andere Bereiche der Biomedizin fallen in die Kompetenzbereiche des Gesundheitsministeriums (MHLW), des MEXT oder des Industrie- und Handelsministeriums (METI). Im Dezember 2001 wurden vom MEXT auf der Grundlage des *Anti-Klongesetzes Richtlinien für die Gewinnung von und den Umgang mit Embryonen* beschlossen.[67] Die Behandlung von ES-Zellen wurde ebenfalls vom MEXT im Rahmen einer Richtlinie im September 2001 geregelt *(Richtlinien für die Gewinnung und Nutzung Embryonaler Stammzellen)*.[68] Bezüglich der PID existiert in Japan noch kein Regelungswerk. Allerdings hat die *Japanische Gesellschaft für Geburtshilfe und Gynäkologie* (JSOG) unabhängig davon Richtlinien erlassen, nach denen PID nur unter strengen Voraussetzungen erlaubt sein soll.[69]

Die Richtlinien des MEXT lassen die Forschung mit humanen Embryonen grundsätzlich zu. In § I Art. 1 ist die Erzeugung von menschlichen Embryonen zu Forschungszwecken nur erlaubt, wenn die spezifische wissenschaftliche Erkenntnis nicht auch an einem tierischen Embryo gewonnen werden kann und der Erzeuger über das technische Know-how verfügt. Art. 3 sieht darüber hinaus das Einverständnis der Spender vor. Art. 4 gebietet die unentgeltliche Spende von Zellen. Außerdem verbietet das Gesetz in Art. 6 den Import von Embryonen. Zudem wird unter den verschiedenen Arten der im Gesetz spezifizierten Embryonen nur die Herstellung von Tier-Mensch chimärischen Embryonen (gemäß Art. 2 Abs. 1 Nr. 15 Antiklongesetz) verboten.

Die entsprechenden Richtlinien und Stellungnahmen sehen durchgängig eine Befristung der Forschung an Embryonen auf den Zeitraum von 14 Tagen nach der Befruchtung vor. Auch das informierte Einverständnis der Spender wird vorausgesetzt.

Die Gewinnung von ES-Zellen ist gemäß der MEXT-Richtlinien für die Gewinnung und Nutzung embryonaler Stammzellen zulässig, so lange sich die Forschung auf Grundlagenforschung beschränkt. In § I Art. 1 der Richtlinie werden die einschlägigen Begriffe legaldefiniert (Embryo, menschlicher Embryo, Stammzelle etc.).

Es gelten aber folgende Einschränkungen:
– die Verwendung von ES-Zellen ist nur zu Zwecken der Grundlagenforschung erlaubt (§ I Art. 2 Abs. 2),

---

[67] Abgedruckt in DRZE 2005: 275 ff.
[68] Abgedruckt in DRZE 2005: 265 ff.
[69] Vgl. die Webseite der *Japanischen Gesellschaft für Geburtshilfe und Gynäkologie:* http://www.jsog. or.jp/kaiin/html/H10_10.html [08. Mai 2006].

- es dürfen nur überschüssige Embryonen aus IVF-Verfahren verwendet werden (§ I Art. 6 Nr. 1),
- die Aufbewahrung der Embryonen soll durch Verfahren der Kryokonservierung erfolgen (§ I Art. 6 Nr. 3),
- die Forschung an Embryonen ist auf den Zeitraum bis maximal 14 Tage nach der Befruchtung (nicht eingerechnet etwaige Zeiträume der Kryokonservierung) beschränkt (§ I Art. 6 Nr. 4),
- es muss eine umfassende Aufklärung der Spender und Spenderinnen stattfinden,
- angewandte Forschungen zur medizinischen Behandlung oder zur kommerziellen Nutzung sollen bis zur Veröffentlichung weiterer Richtlinien verboten bleiben (§ I Art. 2).
- Die Forschungsanträge unterliegen neben einer Genehmigungspflicht durch MEXT auch der Überprüfung durch eine Ethikkommission der durchführenden Organisation.

Am 24. Februar 2001 hat die *Japanische Gesellschaft für Geburtshilfe und Gynäkologie* (JSOG) ihre Bereitschaft bekannt gegeben, die bei der Sterilitätsbehandlung übrig gebliebenen Embryonen für die ES-Zellforschung freizugeben und die Kriterien, nach denen bis dahin eine Verwendung der menschlichen Embryonen nur zur Sterilitätsbehandlung möglich war, zu ändern.

Artikel 3 des *Anti-Klongesetzes* untersagt die Herstellung eines menschlichen Klons, indem explizit die Einsetzung von bestimmten Arten von Embryonen, wie des somatischen Klon-Embryos (SCNT Embryo), in den Uterus verboten wird.

Im Juli 2004 hat der für die Beratung der Regierung in wissenschaftspolitischen Fragen zuständige *Council for Science and Technology Policy* (CSTP) eine Stellungnahme[70] herausgegeben, in der Fragen der Embryonenforschung reevaluiert werden. Der Embryo wird darin als »knospendes menschliches Leben« eingestuft, das zwar schutzwürdig sei, aber in das zum Zwecke verbesserter menschlicher Gesundheit oder des Wohlstandes eingegriffen werden könne. Ähnliches gelte für Embryonen die mittels Kerntransfertechnik erzeugt werden. Aus den genannten Erwägungen empfiehlt der *Council for Science and Technology Policy* die Erzeugung von Embryonen zu Zwecken der Forschung grundsätzlich zu verbieten, aber unter bestimmten Voraussetzungen ausnahmsweise zuzulassen. Dafür müsste zunächst gewährleistet sein, dass

---

[70] Abgedruckt in DRZE 2005: 279 ff.

- die Forschung dem Zweck verbesserter menschlicher Gesundheit oder des Wohlstandes dient,
- das Vorhaben den Maßstäben wissenschaftlicher Rationalität genügt,
- die Sicherheit betroffener Menschen gewährleistet ist und
- das Vorhaben gesellschaftlich angemessen ist.

Die gleichen Maßstäbe gelten für die Erzeugung von Embryonen mittels SCNT, also für das therapeutische Klonen. Die Stellungnahme soll durch Richtlinien der betroffenen Ministerien in das geltende Recht umgesetzt werden. Es konnte nicht recherchiert werden, ob, und wenn ja, in welchem Umfang dies schon geschehen ist.

Der Bereich der medizinischen Forschung und Behandlung fällt in Japan in die Zuständigkeit des MHLW. PID sowie der Gesamtbereich der pränatalen Diagnostik werden seit 1998 in ministeriellen Gremien diskutiert. Bisher wurde aber außer zu einer speziellen Methode der pränatalen Diagnostik keine Stellungnahme verlautbart.

Eine Stellungnahme von Seiten des JSOG vom Juni 1998 geht jedoch auf die Problematik ein. Der Inhalt dieser Stellungnahme soll im Folgenden kurz zusammengefasst werden:

- PID soll als klinische Forschung grundsätzlich zulässig sein,
- von den durchführenden Ärzten wird ein möglichst hoher Kenntnisstand zur PID verlangt,
- von den durchführenden medizinischen Organisationen wird mehrfache Erfahrung bei Entbindungen nach IVF und Erfahrung mit pränataler Diagnostik gefordert,
- PID soll nur bei Indikation einer schweren Erbkrankheit durchgeführt werden,
- bei der Durchführung von PID soll der vorgeschriebene Verfahrenskanon eingehalten werden,
- PID-Verfahren müssen bei der JSOG angemeldet und durch diese genehmigt werden,
- die Anwendung von PID muss von den Ehepartnern übereinstimmend gewollt sein,
- PID darf nur unter den Bedingungen des *informed consent* durchgeführt werden; die Zustimmung hat schriftlich zu erfolgen,
- das Recht auf Privatsphäre des Ehepaares sowie des Neugeborenen sollen geschützt werden.

Über den Grad der Bindungswirkung dieser Stellungnahme kann nichts Näheres gesagt werden. Es ist aber angesichts der in Japan laut gewordenen

Rufe nach verbindlicheren Regelungen zu vermuten, dass die Bindung an die dargelegten Grundsätze zumindest nicht über den Mitgliederkreis der JSOG hinausgeht.

Einschlägige Regelungen:

– The Law Concerning Regulation Relating to Human Cloning Techniques and Other Similar Techniques vom 6. Juni 2001. [http://209.85.135.104/search?q=cache: PBrsXMXMxiwJ:www.isc.meiji.ac.jp/~sumwel_h/links/linkJo4.htm+Cloning+ Japan+Regulations&hl=de&ct=clnk&cd=8&gl=de [31. Mai 2007]].
– Richtlinien für die Gewinnung von und den Umgang mit spezifischen Embryonen vom 5. Dezember 2001. [http://www.mext.go.jp/a_menu/shinkou/seimei/2001/hai3/ 31_shishin_e.pdf.[31. Mai 2007]].
– Richtlinien für die Gewinnung und Nutzung Embryonaler Stammzellen vom 25. September 2001. [http://www.mext.go.jp/a_menu/shinkou/seimei/eclone.pdf [31. Mai 2007]].
– Basic Conceptual Approach Relating to Handling of Human Embryos des Council for Science and Technology Policy (CSTP) vom 23. Juli 2004.

2.6 Kanada

Aufgrund der Errichtung der *Royal Commission on New Reproductive Technologies* im Jahre 1989 findet in Kanada spätestens seit diesem Zeitpunkt eine öffentliche Diskussion zu Fragen der Ethik und des Rechts im Zusammenhang der Fortpflanzungsmedizin statt. Darüber hinaus suchte auch *Health Canada* (eine Abteilung der kanadischen Regierung, die mit der Gesetzgebung in dem Themenfeld beauftragt ist) im Rahmen der Entwicklung von Gesetzen die gesellschaftliche Debatte. Hinzu kommt, dass das *Canadian Institute of Health Research* (CIHR), das im Juni 2000 als staatliche Stelle für Fragen der Umsetzung neuer Forschungsergebnisse im öffentlichen Gesundheitswesen seine Tätigkeit aufgenommen hat, im März 2002 Richtlinien zur Forschung an embryonalen Stammzellen vorgestellt hat, die den Rahmen für Stammzellforschung vorgeben sollen.[71] Die Entwicklung dieser Richtlinien wurde im Sommer 2001 von einer öffentlichen Debatte begleitet. Zur endgültigen Verabschiedung der Richtlinien kam es indes nicht, vielmehr wurde von der kanadischen Bundesregierung eine Gesetzesvorlage in das Parlament eingebracht. Dabei haben die Richtlinien die Weichen für die gesetzliche Regelung gestellt. Die Richtlinien wurden 2005 in überarbeiteter Form neu aufgelegt. Klargestellt wird dabei unter

---

[71] CIHR-Guidelines abrufbar unter http://www.cihr-irsc.gc.ca/e/1203.html [08. Mai 2006].

anderem, dass der *Assisted human reproduction act* von 2004 zwar Regelungen für die Gewinnung von humanen embryonalen Stammzellen vorgibt, jedoch deren Regelungsbereich die bereits etablierten Stammzelllinien nicht umfasst. Die Richtlinien des CIHR gelten hingegen auch für die Arbeit mit bereits etablierten Stammzelllinien.

Das Gebiet der Fortpflanzungsmedizin wurde schon seit 1996 durch Gesetzesinitiative seitens der kanadischen Regierung (Gesetz C-47) geregelt. Dieses Gesetz bestand im Wesentlichen aus drei Teilen:
- der Ausrufung eines (freiwilligen und weitgehend beachteten) Moratoriums hinsichtlich der als strittig erachteten Forschungsgebiete,
- der Einsetzung einer die künftigen Entwicklungen beobachtenden und regelnden Behörde,
- der Inkraftsetzung gesetzlicher Regelungen; das Gesetz verbot explizit 13 Praktiken, darunter Klonen (jeder Art), Keimbahntherapie, Hybridenerzeugung und die Erzeugung von Embryonen ausschließlich zu Forschungszwecken.

Auf Grund der Neuwahlen von 1997 und der Besonderheiten des kanadischen Gesetzgebungsverfahrens hatte dieses Gesetz jedoch keinen Bestand. Dennoch wurde durch das Gesundheitsministerium die im Gesetz vorgesehene Behörde in Gestalt des *Canadian Biotechnology Advisory Committee*[72] ins Leben gerufen. Das Komitee existiert bis heute.

Am 09. Mai 2002 brachte die kanadische Gesundheitsministerin Anne Mc Lellan den *Assisted human reproduction act* als Gesetzesentwurf ins House of Commons ein. Ziel des Regelwerkes ist, die Gesundheit und Sicherheit derjenigen Kanadier zu schützen, die assistierte Reproduktionsmedizin in Anspruch nehmen wollen. Bei der folgenden öffentlichen Diskussion standen die Erforderlichkeit einer Lizenz und die Entwicklung von Kontrollmechanismen im Zentrum. Durch das Gesetz wurde zugleich die *Assisted Human Reproduction Agency of Canada (AHRAC)* errichtet, welche die Einhaltung des Gesetzes überwacht und das Gesetz vollzieht, insbesondere die darin vorgesehenen Lizenzen erteilt.

Für den 2004 in Kraft getretenen *Assisted human reproduction act* waren vor allem folgende Dokumente von Bedeutung:
- 1989: Bericht der *Royal Commission on New Reproductive Technologies*, die im November 1993 im *Final report of the Royal Commission on New Repro-*

---

72 Vgl. die Webseite des *Canadian Biotechnology Advisory Committee:* http://www.cbac-cccb.ca/ [08. Mai 2006].

ductive Technologies das Verbot bestimmter Praktiken und die Schaffung einer zuständigen Instanz empfahl;

- 1995: *Health Canada: Discussion Group on Embryo Research*, die im November 1995 zur Frage »Sollen Experimente an menschlichen Embryonen einschließlich der PID in Kanada erlaubt werden?« dem kanadischen Gesundheitsministerium berichtete;
- 1995: Interim-Moratorium der kanadischen Regierung zu neuen Gen- und Fortpflanzungstechnologien;
- 1996: *Health Canada* Publikation: *New reproductive and genetic technologies: Setting boundaries, enhancing health;*
- 1996: Bill C-47;
- 1998: *Tri-Council Policy Statement* der drei staatlichen Forschungsförderungsinstitute: *Medical Research Council of Canada* (MRC), *Natural Sciences and Engineering Research Council of Canada* (NSERC), *Social Sciences and Humanities Research Council of Canada* (SSHRC).

Die Forschung mit menschlichen Embryonen zählt zu den »controlled activities« des *Assisted human reproduction act,* welche durch die AHRAC überwacht werden. Die Genehmigung nach § 10 Abs. 2 setzt gemäß § 8 Abs. 3 die Einwilligung des Spenders nach Aufklärung über den Verwendungszweck voraus.

Die Gewinnung von ES-Zellen in Kanada ist auch nach dem neuen Gesetz erlaubt. Für den Import bereits existierender humaner embryonaler Stammzellen sind die Richtlinien der CIHR einschlägig, für die Gewinnung neuer Stammzelllinien bereits existierender Embryonen wird eine Erlaubnis der AHRA erforderlich sein. Die Verwendung von In-vitro-Embryonen zu Forschungszwecken ist nach dem *Assisted human reproduction act* an folgende Voraussetzungen gebunden:

- Zustimmung des Embryonenspenders (gemäß § 14 Abs. 2),
- Notwendigkeit der Verwendung von *In-vitro*-Embryonen zu dem angestrebten Forschungszweck (§ 40 Abs. 2),
- kein Embryo darf außerhalb des Körpers einer Frau über den 14. Tag seiner Entwicklung hinaus zu Forschungszwecken verwendet werden (Sect. 5 d),
- jegliche Embryonenforschung bedarf der Lizenzierung durch die AHRAC.

Die Erzeugung eines menschlichen Klons ist – unabhängig ob für reproduktive oder therapeutische Zwecke – gemäß § 5 a *Assisted human reproduction act* verboten. Ebenso verboten ist gemäß § 5 b die Erzeugung von

Embryonen zu einem anderen Zweck als der Erzeugung eines menschlichen Wesens bzw. der Verbesserung von Prozeduren der künstlichen Fortpflanzung.

Um eine Genehmigung zur Embryonenforschung zu erhalten, ist der Nachweis erforderlich, dass der Embryo für den verfolgten Forschungszweck unerlässlich ist. Die Verwendung existierender humaner Stammzelllinien wird von dem Gesetz nicht umfasst sein. Unter den CIHR-Richtlinien wird diese Art der Forschung von einem bei den *Canadian Institutes of Health Research* angesiedelten *Stem Cell Oversight Committee* überwacht.

PID ist erlaubt, gehört aber zu den Aktivitäten, für welche gemäß § 10 *Assisted human reproduction act* eine Lizenz von der *Assisted Human Reproduction Agency (AHRAC)* einzuholen ist.

Einschlägige Regelungen:
- Assisted human reproduction act von 2004. [http://laws.justice.gc.ca/en/showdoc/cs/A-13.4///en?page=1 [28. Mai 2007]].
- Updated guidelines for human pluripotent stem cell research von 2005. [http://www.cihr-irsc.gc.ca/e/28216.html [28. Mai 2007]].

2.7 Singapur

Das *Human Stem Cell Research Subcommittee* (HSR) des *Bioethics Advisory Committee* (BAC) in Singapur hat im Auftrag des Kabinetts im Juni 2002 eine Stellungnahme unter dem Titel »Ethical, legal and social issues in human stem cell research, reproductive and therapeutic cloning«[73] herausgebracht. Die Empfehlungen wurden den zuständigen Ministerien übermittelt, welche sie bei der Konstruktion eines Regulierungsrahmens für die Stammzellforschung und das Klonen berücksichtigen sollen.

Die Stellungnahme empfiehlt unter anderem folgende Regelungen:

(1) Forschung, welche die Erzeugung und Benutzung humaner embryonaler Stammzellen einschließt, ist nur zulässig, wenn sie wissenschaftlich hochwertig ist und potentiellen medizinischen Nutzen hat.

(2) Soweit zugelassen sollen humane embryonale Stammzellen zunächst aus etablierten Stammzelllinien stammen, die aus Embryonen gewonnen wurden, die nicht älter als 14 Tage waren. Soweit dies nicht möglich ist, sollen zu ihrer Herstellung ›überzählige‹ Embryonen, welche ihrerseits nicht älter als 14 Tage sind, verwendet werden.

---

[73] Abdruck der *Executive summary* in DRZE 2005: 407 ff.

(3) Die Erzeugung von Embryonen zu Forschungszwecken ist nur zulässig, wenn das Projekt wissenschaftlich sehr hochwertig ist und potentiellen medizinischen Nutzen hat, wenn zudem keine akzeptablen Alternativen existieren und die Ausnahmegenehmigung einer (noch einzurichtenden) staatlichen Kontrollbehörde vorliegt.

(4) Das reproduktive Klonen ist strikt zu untersagen.

(5) Bei der Spende von Embryonen und reproduktivem Material sind die Prinzipien des *informed consent* zu berücksichtigen; die Kommerzialisierung des Verkehrs mit derartigem Material muss verhindert werden.

Das therapeutische Klonen ist von Punkt (4) nicht umfasst; die Zulässigkeit des therapeutischen Klonens richtet sich insofern nach den Voraussetzungen unter (3).

Am 01. Oktober 2004 trat, in Reaktion auf die bioethische Diskussion, der *Human Cloning and Other Prohibited Practices Act* in Kraft. Das Gesetzt spricht in Art. 5 ein Verbot des reproduktiven Klonens aus. Anknüpfungspunkt ist dabei nicht der Akt der Herstellung eines genetisch identischen Embryos, sondern dessen Transfer in den Uterus einer Frau oder eines Tieres. Das therapeutische Klonen ist insofern nicht berührt. Des Weiteren wird untersagt, einen Embryo, der auf andere Weise als durch Verschmelzung von Ei- und Samenzelle zustande gekommen ist, über den 14. Tag hinaus zu entwickeln (Art. 7), einen durch Verschmelzung von Ei- und Samenzelle zustande gekommenen Embryo außerhalb des Mutterleibes länger als 14 Tage zu entwickeln (Art. 8) sowie bestimmte Hybridisierungstechniken anzuwenden (Art. 10). Das Gesetz verbietet weder die Gewinnung von Stammzellen aus »überzähligen« Embryonen noch die Herstellung von Embryonen eigens zu Forschungszwecken.

Einschlägige Regelungen:

– Human cloning and other prohibited practices Act vom 20. Juli 2004 [http://agcvldb4.agc.gov.sg/non_version/html/homepage.html (abrufbar über die Funktion »Go to Cap. No.« unter Angabe der Nummer »131 b«) [31. Mai 2007]].

2.8 USA

Mit großer Mehrheit stimmte das Repräsentantenhaus am 28. Februar 2003 für eine Gesetzesvorlage, nach der das Klonen von Menschen in den USA weiterhin verboten bleibt. Das geplante Verbot stellt sowohl das Verwenden als auch den Import von geklonten Embryonen oder daraus entwickelten Produkten in den USA unter Strafe. Diese Gesetzesvorlage wurde parteiübergreifend mit 241 zu 155 Stimmen gebilligt. Eine ähnliche Gesetzesvorlage wurde durch das Repräsentantenhaus bereits im Jahr 2001 verabschiedet, passierte aber den Senat als zweite Parlamentskammer später nicht.

Wie in Kanada und Australien liegt die Gesetzgebungskompetenz im Wesentlichen bei den Einzelstaaten. Auf Bundesebene geregelt ist lediglich die Vergabe von staatlichen Forschungsgeldern.[74] Bis August 2000 wurde Embryonenforschung nicht staatlich unterstützt, sondern gänzlich dem privaten Sektor überlassen. Dies änderte sich mit der Einführung eines Programms zur Forschung an embryonalen Stammzellen durch die *National Institutes of Health* (NIH), unterstützt durch Präsident Clinton. Nach den neuen *Guidelines for research using human pluripotent stem cells* konnten nun auch bestimmte Formen der Stammzellforschung durch Bundesmittel unterstützt werden. Forschungsprojekte, bei denen Stammzellen aus Embryonen gewonnen werden, werden nicht gefördert. Zulässig ist aber die Förderung von Vorhaben, welche mit bereits etablierten Stammzelllinien arbeiten, soweit diese Stammzellen aus ›überzähligen‹ Embryonen stammen und mit informiertem Einverständnis der Spender gewonnen wurden. Dem US-Kongress der vergangenen Legislaturperiode (106th Congress) lag ein Gesetzentwurf *(Stem Cell Research Act of 2000)* als Zusatz zum *Public Health Service Act* zur Beratung vor. Danach sollte die aus Bundesmitteln geförderte Forschung hinsichtlich menschlicher ES-Zellen zugelassen werden. Zuständig waren das *Committee on Health, Education, Labor, and Pensions* sowie das *Senate Appropriations Subcommittee on Labor, Health and Human Services, Education and Related Agencies.* Die Förderanträge sind einer eigens eingerichteten *Human Pluripotent Stem Cell Review Group* vorzulegen. Der Entscheid über den Förderungsantrag hängt dann unter anderem von den verfolgten Forschungszielen ab. So werden Projekte zur Erzeugung von Tier-Mensch-Hybriden nicht gefördert. Auch für das therapeutische Klonen mittels Zellkerntransfer sind keine Förderungsmög-

---

[74] Über die Möglichkeit einer Ableitung der Gesetzgebungskompetenz auf Bundesebene vgl. Menikoff 2001: 119 ff.

lichkeiten vorgesehen. Am 09. August 2001 legte Präsident George W. Bush erneut Kriterien vor, nach denen Forschung an embryonalen humanen Stammzellen vom Bund gefördert werden darf.[75] Die Förderung betrifft nur solche Stammzelllinien, die bis zum 09. August 2001 gewonnen wurden und von Embryonen stammen, die keine Möglichkeit mehr haben, sich zu einem Menschen zu entwickeln.

Der Embryonenforschung im Allgemeinen und der Gewinnung von ES-Zellen stehen in den USA keine rechtlichen Hindernisse entgegen. Die *National Bioethics Advisory Commission* (NBAC) hat 1999 einen ausführlichen Bericht zur Stammzellforschung *(Ethical Issues in Human Stem Cell Research)* vorgelegt, dem sich Übersichten zu Regelungen in den Einzelstaaten entnehmen lassen. Die Förderung mit Bundesmitteln hängt von folgenden, durch den Präsidenten festgelegten Voraussetzungen ab:
- Die Stammzellen müssen von einem Embryo stammen, der ursprünglich zu Fortpflanzungszwecken geschaffen wurde,
- der Embryo wird zu diesem Zweck nicht mehr benötigt,
- die Zustimmung der Spender der Embryonen muss vorliegen, und
- es gibt keine finanzielle Zuwendung dafür, dass der Embryo zur Verfügung gestellt wird.

Darüber hinaus gibt es bei den National Institutes of Health (NIH) Richtlinien, die Verbotsregelungen enthalten. Verboten sind danach
- die Gewinnung neuer Stammzelllinien,
- die Verwendung von Stammzellen zur Schaffung oder genetischen Änderung eines Embryos,
- der Transfer einer humanen embryonalen Stammzelle in eine menschliche oder tierische Eizelle,
- Forschung, im Rahmen derer menschliche Stammzellen mit tierischen kombiniert werden,
- die Verwendung von Stammzellen zum Zweck reproduktiven Klonens.

Die NIH führen ein Register, in dem die verwendbaren Stammzelllinien und geförderten Forschungsvorhaben aufgeführt werden.

Gesetze, die menschliches Klonen thematisieren, gibt es in sechs Einzelstaaten, wobei Kalifornien mit dem Verbot menschlichen Klonens im Jahr 1997 eine Vorreiterrolle einnimmt. Seit diesem Zeitpunkt haben fünf andere Staaten – Louisiana, Michigan, Rhode Island, Virginia und kürzlich auch Iowa – gesetzliche Regelungen verabschiedet, um das menschliche

---

[75] Nachzulesen unter: http://www.nih.gov/sigs/bioethics/index.html [08. Mai 2006].

Klonen zu verbieten. Zusätzlich zu dem Verbot der Erzeugung menschlicher Embryonen zum Zwecke der Einleitung einer Schwangerschaft haben Michigan und Iowa die Beschränkungen der Erzeugung menschlicher Embryonen durch Klontechniken so weit gefasst, dass es auf den mit dem Klonen verfolgten Zweck nicht mehr ankommt. Das Regelungswerk von Virginia will das menschliche Klonen ebenfalls unabhängig von dem damit verfolgten Zweck verbieten. Indes definiert dieses Gesetz nicht den Begriff des »human being«, der damit sowohl für den Embryo ab dem Zeitpunkt der Befruchtung, ab dem fetalen Stadium oder ab dem Beginn der Geburt gelten kann. Schließlich verbietet die Gesetzgebung von Missouri die Verwendung öffentlicher Gelder für menschliche Klonforschung. Kalifornien hat hingegen mit der Änderung des Health and Safety Code das therapeutische Klonen wieder legalisiert, wenn auch unter Auflagen und unter der Aufsicht eines eigens eingerichteten Kontrollorgans.

PID ist in Florida, Louisiana, Maine, Minnesota und Pennsylvania explizit verboten. Massachusetts, Michigan, North Dakota, New Hampshire und Rhode Island hingegen erlauben PID. Sofern PID geregelt ist, wird ihre Anwendung auf medizinische Zwecke beschränkt. In den Bundesstaaten ohne entsprechende Regelungen ist jedoch auch eine Geschlechtsselektion möglich. Das Ethikkomitee der *American Society for Reproductive Medicine* hat sich gegen eine Anwendung der PID für nicht-medizinische Zwecke ausgesprochen.

Kürzlich ist noch einmal Bewegung in die Stammzelldebatte in den USA gekommen. Am 18. Juli 2006 stimmte der US-Senat über drei Gesetze im Bereich der Stammzellforschung ab. Eine der drei Regelungen sieht eine Ausweitung der Forschung an jenen Stammzellen vor, die nicht aus Embryonen, sondern etwa aus Nabelschnurblut oder aus Körperzellen Erwachsener gewonnen werden. Ein weiteres Gesetz verbietet die Erzeugung von Embryonen zu Forschungszwecken. Die dritte Initiative zielte darauf, das von Präsident George W. Bush eingeführte Verbot der Förderung embryonaler Stammzellforschung mit öffentlichen Mitteln aufzuheben. Wie erwartet hat der Präsident diesen dritten Gesetzesentwurf mit seinem Veto blockiert. Nachdem der Entwurf bereits das Repräsentantenhaus passierte, hat sich im Senat eine Mehrheit von 63 zu 37 Stimmen für den neuen Entwurf gefunden. Ob sich in den Häusern die notwendige Zweidrittelmehrheit ergeben wird, die notwendig ist, um das Veto des Präsidenten zu überstimmen, ist unklar. Kommt es hierzu nicht, so kann die Frage in der gegenwärtigen Legislaturperiode nicht mehr aufgenommen werden. Es ist aber zu erwarten, dass das Thema dann eine wichtige Rolle in den anstehenden Kongresswahlen und im Präsidentschaftswahlkampf

2008 spielen wird. Im Bundesstaat Kalifornien sowie in einigen anderen Staaten wurden Förderprogramme für die Forschung an humanen embryonalen Stammzellen aufgelegt. Kalifornien nimmt dabei mit einer Fördersumme von drei Milliarden US Dollar über einen Zeitraum von drei Jahren eine Spitzenposition ein.

Einschlägige Regelungen:
Soweit vorhanden, Vorschriften der Einzelstaaten. Bisher wurde PID geregelt in Florida, Louisiana, Maine, Massachusetts, Michigan, Minnesota, New Hampshire, North Dakota, Pennsylvania und Rhode Island. Gesetzliche Vorschriften von Rhode Island und Kalifornien treffen Regelungen zum therapeutischen Klonen.

z. B. die Kalifornische Gesetzgebung:
- Health and safety code. Division 106. Part 5. Chapter 3: California stem cell research and cures bond Act (Sections 125290.10–125292.10) von 2004.
  [http://www.leginfo.ca.gov/cgi-bin/calawquery?codesection=hsc&codebody=&hits=20 [31. Mai 2007]].

II. Internationales Recht

Martin Heyer

Zu den aufgeführten Vorschriften des nationalen Rechts treten etwaige Verpflichtungen der Staaten aus dem Bereich des Völker- und Europarechtes. In Betracht kommen hier vor allem das *Menschenrechtsübereinkommen zur Biomedizin* des Europarates samt dem Zusatzprotokoll zum Klonen, die *Resolution* der World Health Organisation (WHO), die *Allgemeine Erklärung zum menschlichen Genom und den Menschenrechten* der UNESCO sowie die *Entschließung zum Klonen* des Europäischen Parlamentes.

1. Übereinkommen zum Schutz der Menschenrechte und der Menschenwürde im Hinblick auf die Anwendung von Biologie und Medizin

Mit dem *Übereinkommen über Menschenrechte und Biomedizin*[1] (auch *Bioethik-Konvention*, *Biomedizinkonvention* oder *Oviedo-Konvention* genannt) hat der Europarat, der 47 Mitgliedstaaten umfasst, seit 1997 eine völkervertragliche Regelung, welche in Art. 18 Abs. 2 die Erzeugung von menschlichen Embryonen für Forschungszwecke ausdrücklich verbietet. Art 18 der Konvention lautet:

(1) Die Rechtsordnung hat einen angemessenen Schutz des Embryos zu gewährleisten, sofern sie Forschung an Embryonen *in vitro* zulässt.

(2) Die Erzeugung menschlicher Embryonen zu Forschungszwecken ist verboten.

Damit regelt die Konvention auch den Bereich der Embryonenforschung. Durch die Feststellung der Schutzwürdigkeit des *in vitro* hergestellten Embryos kann sich Art. 18 Abs. 1 in Verbindung mit Art. 18 Abs. 2 nur auf sog. ›überzählige‹, d. h. zur Herbeiführung einer Schwangerschaft erzeugte, aber dafür nicht genutzte Embryonen beziehen. Hinsichtlich der Art und des Umfangs der Schutzwürdigkeit eröffnet die gewählte Formel vom »angemessenen Schutz« (adequate protection) weite Interpretationsspielräume, die von den Mitgliedstaaten zu Gunsten einer konditionierten Zulässigkeit von Forschung an ›überzähligen‹ Embryonen ausgelegt werden kann. Auf jeden Fall muss nach Art. 18 Abs. 1 die uneingeschränkte Zulässigkeit von Embryonenforschung aber als ein Verstoß gegen die Konvention gewertet werden. Damit wird den Signatarstaaten ein Mindeststandard aufgegeben.

Die Ratifizierung der Biomedizinkonvention ist bis *dato* noch nicht in allen Signatarstaaten erfolgt. Für die folgenden Mitgliedstaaten der EU ist die Konvention aber nach Ratifikation in Kraft getreten: Dänemark, Estland, Griechenland, Litauen, Norwegen, Portugal, Slowenien, Slowakei,

---

[1] Online abrufbar unter URL http://conventions.coe.int/Treaty/ger/Treaties/Html/164.htm [09. August 2007].

Spanien, Tschechien, Ungarn und Zypern. Soweit das Recht der entsprechenden Länder nicht schon Regelungen enthält, die den Anforderungen der Konvention entsprechen oder über sie hinausgehen,[2] ergibt sich für die Staaten zumindest eine völkerrechtliche Verpflichtung zur Umsetzung der Konvention in nationales Recht.[3] Eingeschränkt sind völkervertragliche Pflichten aus der Konvention nur insoweit, als sich Vertragsstaaten auf einen wirksamen Vorbehalt berufen können. Allerdings existiert kein für die vorliegenden Regelungsbereiche relevanter Vorbehalt seitens der genannten Signatarstaaten. Auf diejenigen Vertragsstaaten, welche bisher keine Regelungen für den Bereich der Embryonenforschung oder Klonierung erlassen haben, wird die Konvention umfangreiche Auswirkungen haben.

Hierbei ist zu beachten, dass sich aus den nationalen Rechtsdogmatiken der Mitgliedsstaaten bezüglich des Rangs von völkerrechtlichen Regelungen in der Normhierarchie auch im Hinblick auf die Durchsetzungskraft, beträchtliche Unterschiede in der Wirksamkeit der Bestimmungen der Biomedizinkonvention ergeben können. So haben völkerrechtliche Normen in einigen der Unterzeichnerstaaten (etwa Österreich) Vorrang vor einfachgesetzlichen Regelungen des nationalen Rechts und sogar des Verfassungsrechts. Lediglich gegenüber tragenden Grundsätzen des Verfassungsrechts sind sie nachrangig. Auch in Griechenland haben entsprechende Regelungen (etwa die EMRK) Verfassungsrang. Andere Länder räumen entsprechenden völkervertraglichen Normen nur den Rang einfachgesetzlicher Regelungen ein.

---

[2] Die Konvention statuiert lediglich Mindeststandards für die Gesetzgebung; weitergehende Regelungen bleiben den Vertragsparteien überlassen.

[3] Innerstaatliche Geltung, Geltungsrang und unmittelbare Anwendbarkeit der Biomedizinkonvention hängen im Einzelnen von der jeweiligen nationalen Rechtsordnung und ihren Bezügen zum Völkerrecht ab.

Übereinkommen zum Schutz der Menschenrechte und der Menschenwürde im Hinblick auf die Anwendung von Biologie und Medizin: Übereinkommen über Menschenrechte und Biomedizin des Europarates (Liste der Unterzeichner und Stand der Ratifizierung)[4]

Staat	Unterzeichnung	Ratifizierung	Inkrafttreten	Vorbehalte	Erklärungen
Australien	–	–	–	–	–
Belgien	–	–	–	–	–
China	–	–	–	–	–
Dänemark	04.04.1997	10.08.1999	01.12.1999	x	x
Deutschland	–	–	–	–	–
Estland	04.04.1997	08.02.2002	01.06.2002	–	–
Finnland	04.04.1997	–	–	–	–
Frankreich	04.04.1997	–	–	–	–
Griechenland	04.04.1997	06.10.1998	01.12.1999	–	–
Großbritannien	–	–	–	–	–
Indien	–	–	–	–	–
Irland	–	–	–	–	–
Israel	–	–	–	–	–
Italien	04.04.1997	–	–	–	–
Japan	–	–	–	–	–
Kanada	–	–	–	–	–
Lettland	04.04.1997	–	–	–	–
Litauen	04.04.1997	17.10.2002	01.02.2003	–	–
Luxemburg	04.04.1997	–	–	–	–
Malta	–	–	–	–	–
Niederlande	04.04.1997	–	–	–	–
Norwegen	04.04.1997	13.10.2006	01.02.2007	x	–
Österreich	–	–	–	–	–
Polen	07.05.1999	–	–	–	–
Portugal	04.04.1997	13.08.2001	01.12.2001	–	–
Schweden	04.04.1997	–	–	–	–

[4] Die folgende Liste ermöglicht keinen vollständigen Überblick über den Stand der Unterzeichnungen und Ratifikationen, da nur die in dieser Studie berücksichtigten Länder aufgeführt werden. Für eine vollständige Liste wird auf die Seite des Europarates verwiesen http://conventions.coe.int/Treaty/Commun/ChercheSig.asp?NT=164&CM=7&DF=5/9/2006&CL=GER [08. Mai 2006].

Übereinkommen zum Schutz der Menschenrechte und der Menschenwürde

Staat	Unterzeichnung	Ratifizierung	Inkrafttreten	Vorbehalte	Erklärungen
Schweiz	07.05.1999	–	–	–	–
Slowenien	04.04.1997	05.11.1998	01.12.1999	–	–
Slowakei	04.04.1997	05.11.1998	01.12.1999	–	–
Spanien	04.04.1997	01.09.1999	01.01.2000	–	–
Tschechien	24.06.1998	22.06.2001	01.10.2001	–	–
Ungarn	07.05.1999	09.01.2002	01.05.2002	–	–
USA	–	–	–	–	–
Zypern	30.09.1998	20.03.2002	01.07.2002	–	–

2. Zusatzprotokoll über das Verbot des Klonens menschlicher Lebewesen

Das Zusatzprotokoll über das sogenannte Klonverbot wurde 1998 verabschiedet.[5] Es enthält in Art. 1 das Verbot jedes Eingriffs, der auf die Erzeugung genetisch identischer menschlicher Lebewesen gerichtet ist:

(1) Verboten ist jede Intervention, die darauf gerichtet ist, ein menschliches Lebewesen zu erzeugen, das mit einem anderen lebenden oder toten menschlichen Lebewesen genetisch identisch ist.

(2) Im Sinne dieses Artikels bedeutet der Ausdruck »menschliches Lebewesen, das mit einem anderen menschlichen ›genetisch identisch‹ ist« ein menschliches Lebewesen, das mit einem anderen menschlichen Lebewesen dasselbe Kerngenom hat.

Aus Entstehungskontext und Erläuterndem Bericht geht hervor, dass sich das Klonverbot in jedem Fall auf die Erzeugung genetisch identischer geborener Menschen (human individuals) bezieht, also auf das reproduktive Klonen. Ob auch das therapeutische Klonen erfasst sein soll, ist dagegen unklar und hängt vom Begriff des »human being« ab. Gemäß dem Erläuternden Bericht ist die genaue Reichweite des Terminus »human being« allerdings dem nationalen Recht überlassen. Unter Berufung auf die Interpretationsoffenheit des Terminus »human being« haben die Niederlande eine Erklärung dahingehend abgegeben, dass sie unter »human being« nur geborene menschliche Lebewesen verstehen wollen. Im Lichte des Erläuternden Berichts ist diese Erklärung nicht als »echter« (Verpflichtungen aus dem Klonprotokoll einschränkender) Vorbehalt, sondern nur als Interpretationserklärung zu deuten. Soweit das therapeutische Klonen wie gegenwärtig eigentlich ein »Forschungsklonen« darstellt, dürfte das therapeutische Klonen eine nach Art. 18 Abs. 2 der Biomedizinkonvention eine verbotene Herstellung von Embryonen zu Forschungszwecken sein. Diese Auffassung muss dann allerdings auch davon ausgehen, dass die beim the-

---

[5] Online abrufbar unter http://conventions.coe.int/Treaty/ger/Treaties/Html/168.htm [09. August 2007].

rapeutischen Klonen gewonnenen Zellen als »Embryonen« i. S. der Biomedizinkonvention zu qualifizieren sind.

Die EU-Mitgliedstaaten Dänemark, Estland, Griechenland, Litauen, Portugal, Slowenien, Slowakei, Spanien, Tschechien, Ungarn und Zypern haben das Zusatzprotokoll bereits ratifiziert, so dass es für sie völkerrechtlich bindend geworden und in Kraft getreten ist.

Zusatzprotokoll zum Übereinkommen zum Schutz der Menschenrechte und der Menschenwürde im Hinblick auf die Anwendung von Biologie und Medizin über das Verbot des Klonens von menschlichen Lebewesen des Europarates (Liste der Unterzeichner und Stand der Ratifizierung)[6]

Staat	Unterzeichnung	Ratifizierung	Inkrafttreten	Vorbehalte	Deklarationen
Australien	–	–	–	–	–
Belgien	–	–	–	–	–
China	–	–	–	–	–
Dänemark	12.01.1998	–	–	x	x
Deutschland	–	–	–	–	–
Estland	12.01.1998	08.02.2002	01.06.2002	–	–
Finnland	12.01.1998	–	–	–	–
Frankreich	12.01.1998	–	–	–	–
Griechenland	12.01.1998	22.12.1998	01.03.2001	–	–
Großbritannien	–	–	–	–	–
Indien	–	–	–	–	–
Irland	–	–	–	–	–
Israel	–	–	–	–	–
Italien	12.01.1998	–	–	–	–
Japan	–	–	–	–	–
Kanada	–	–	–	–	–
Lettland	12.01.1998	–	–	–	–
Litauen	25.03.1998	17.10.2002	01.02.2003	–	–
Luxemburg	12.01.1998	–	–	–	–
Malta	–	–	–	–	–

[6] Die folgende Liste ermöglicht keinen vollständigen Überblick über den Stand der Unterzeichnungen und Ratifikationen, da nur die in dieser Studie berücksichtigten Länder aufgeführt werden. Für eine vollständige Liste wird auf die Seite des Europarates verwiesen http://conventions.coe.int/Treaty/Commun/ChercheSig.asp?NT=168&CM=7&DF=5/9/2006&CL=GER [08. Mai 2006].

Zusatzprotokoll über das Verbot des Klonens menschlicher Lebewesen

Staat	Unterzeichnung	Ratifizierung	Inkrafttreten	Vorbehalte	Deklarationen
Niederlande	04.05.1998	–	–	–	x
Norwegen	12.01.1998	–	–	–	–
Österreich	–	–	–	–	–
Polen	07.05.1999	–	–	–	–
Portugal	12.01.1998	13.08.2001	01.12.2001	–	–
Schweden	12.01.1998	–	–	–	–
Schweiz	07.05.1999	–	–	–	–
Slowenien	12.01.1998	05.11.1998	01.03.2001	–	–
Slowakei	31.03.1998	22.10.1998	01.03.2001	–	–
Spanien	12.01.1998	24.01.2000	01.03.2001	–	–
Tschechien	24.06.1998	22.06.2001	01.10.2001	–	–
Ungarn	07.05.1999	09.01.2002	01.05.2002	–	–
USA	–	–	–	–	–
Zypern	30.09.1998	20.03.2002	01.07.2002	–	–

3. WHO: Cloning in Human Reproduction (1997)

Die WHO hat anlässlich ihrer 50. Versammlung im Mai 1997 eine Resolution verfasst, welche das Klonen zur Replikation menschlicher Wesen als ethisch inakzeptabel und mit den Grundsätzen menschlicher Integrität und Moralität unvereinbar bezeichnet.[7] Zugleich wurde der Generaldirektor beauftragt, eine Untersuchung der ethischen, wissenschaftlichen und sozialen Aspekte von Klontechniken im Bereich der menschlichen Gesundheit vorzunehmen. Hierbei sollen sowohl präventive als auch therapeutische Einsatzmöglichkeiten erwogen werden. Von dem Ergebnis dieser Untersuchung sind sowohl das Exekutivkomitee als auch – zur Förderung der öffentlichen Debatte – die Mitgliedstaaten zu unterrichten. Die Resolution hat keine externe Bindungswirkung und verpflichtet insbesondere die Mitgliedstaaten der WHO nicht zu einer spezifischen Ausgestaltung ihrer internen Gesetzeslage.

---

[7] Online abrufbar unter http://policy.who.int/cgi-bin/om_isapi.dll?hitsperheading=on&infobase=wharec-e&record={31C3}&softpage=Document42 [09. August 2007].

4. UNESCO: Allgemeine Erklärung zum menschlichen Genom und zu den Menschenrechten (1997)

In der *Allgemeinen Erklärung zum menschlichen Genom und zu den Menschenrechten*[8] werden die Staaten aufgefordert, der Menschenwürde widersprechende Praktiken zu benennen und auf nationaler und internationaler Ebene dafür Sorge zu tragen, dass die Achtung der in der Erklärung niedergelegten Grundsätze gewährleistet ist. Als Beispiel derartiger Praktiken wird in Art. 11 das reproduktive Klonen von Menschen genannt:

»Praktiken, die der Menschenwürde entgegenstehen, wie das reproduktive Klonen von menschlichen Lebewesen, sollen nicht erlaubt sein. Die Staaten und die kompetenten Organisationen sind zur Kooperation eingeladen, um solche Praktiken zu identifizieren und auf nationaler Ebene Maßnahmen zu ergreifen, welche garantieren, dass die in dieser Deklaration aufgestellten Prinzipien respektiert werden.«

Die begriffliche Verengung auf reproduktives Klonen legt nahe, dass das therapeutische Klonen hier ausgeschlossen werden soll. Andererseits wird reproduktives Klonen lediglich als Beispiel für der Menschenwürde widersprechende Praktiken aufgeführt. Die Aufforderung, weitere derartige Praktiken zu benennen, deutet darauf hin, dass mittels sorgfältiger Evaluierung erst noch zu ermitteln ist, welche anderen Praktiken ebenfalls in diese Kategorie fallen. Es ist denkbar, dass eine Abwägung der in Frage stehenden Grundsätze auch das therapeutische Klonen als eine Praktik, welche mit der Menschenwürde unvereinbar ist, erscheinen lässt. Die Erklärung macht dazu keine Aussage. Die Erklärung ist nicht rechtsverbindlich, sondern hat lediglich empfehlenden Charakter.

---

[8] Online abrufbar unter http://www.unesco.de/445.html?&L=0 [09. August 2007].

5. UNESCO: The Use of Embryonic Stem Cells In Therapeutic Research (2001)

Die *Extended Working Group on the Ethical Aspects of Embryonic Stem Cell Research* hat diesen Bericht am 29. Januar 2001 und 02. Februar 2001 verfertigt, nachdem der Entwurf zunächst in der siebten Sitzung des Internationalen Bioethikkomitees vom 7. bis 9. November 2000 in Ecuador diskutiert wurde.[9]

Die Gruppe identifiziert dabei bezüglich der Einstellung zur Forschung an embryonalen Stammzellen drei Grundhaltungen:

- die Benutzung menschlicher Embryonen zur Gewinnung von Stammzellen ist intrinsisch unethisch; derartige Verfahren laufen auf die Instrumentalisierung menschlichen Lebens hinaus und untergraben den Respekt vor dem Status der Person insgesamt,
- die Gewinnung von Stammzellen aus menschlichen Embryonen ist ethisch akzeptabel, soweit sie zur Verfolgung hochrangiger therapeutischer Ziele erfolgt; obwohl das Entwicklungspotential menschlicher Embryonen ihnen einen besonderen Status einräumt, kann ihnen nicht der volle Personstatus zuerkannt werden,
- angesichts der momentanen Risiken bei der Forschung und der Gefahr eines ethischen Dammbruches soll die Forschung an embryonalen Stammzellen bis auf Weiteres verboten bleiben.

Die Expertengruppe stellt fest, dass es angesichts so unterschiedlicher Grundüberzeugungen nicht Sache einer internationalen Organisation sein kann, hier eine Entscheidung zu treffen. Vielmehr habe jede Gesellschaft das Recht und die Pflicht, derartige Grundentscheidungen selber zu treffen. Man empfiehlt daher,

- dass die zuständigen nationalen Stellen Sorge dafür tragen, dass die Debatte über ES-Zellforschung öffentlich geführt und durch möglichst

---

[9] Online abrufbar unter http://portal.unesco.org/shs/en/file_download.php/64b74abda57372bdc22570b42c1718f1StemCells_en.pdf [09. August 2007].

breite Information der Öffentlichkeit eine Abwägung aller relevanten Fakten und Positionen sichergestellt wird;

- dass, wo immer Embryonenforschung erlaubt wird, diese unter den Rahmenbedingungen eines staatlich regulierten Systems stattfinden soll; dies soll eine angemessene Einbringung ethischer Aspekte sicherstellen; dort wo überschüssige IVF-Embryonen benutzt werden, muss sichergestellt sein, dass eine freie und informierte Zustimmung der Spender gegeben ist; die Forschungszwecke sollten der Prüfung durch Ethikkommissionen unterliegen;
- dass die Benutzung alternativer Techniken der Stammzellgewinnung sorgfältig erwogen wird; dabei soll nicht aus den Augen verloren werden, dass Techniken des Kerntransfers nur mit therapeutischer Zielsetzung akzeptabel sind.

6. UNO: Resolution der Generalversammlung gegen das Klonen von Menschen

Seit Ende 2001 befasste sich die Vollversammlung der Vereinten Nationen mit einer Konvention, die das Klonen von Menschen weltweit ächten sollte.[10] Zwar verfügen viele Länder über nationale Gesetze, die das Klonen verbieten. Allerdings wird eine globale Ächtung als der einzige Weg gesehen, um Wissenschaftler zu stoppen, die – wie etwa der italienische Arzt Antinori – angekündigt haben, dort zu arbeiten, wo reproduktives Klonen erlaubt bliebe. Zwei Entwürfe wurden in die Diskussion vor den Vereinten Nationen eingebracht. Frankreich und Deutschland warben für ein stufenweises Vorgehen, wonach zunächst das reproduktive Klonen von Menschen und zu einem späteren Zeitpunkt das therapeutische Klonen verboten werden sollte.[11] Der Spanien-USA-Philippinen-Entwurf enthielt demgegenüber ein vollständiges und sofortiges Verbot, das sowohl therapeutisches als auch reproduktives Klonen umfasste.[12]

Länder, die sich in den UN für eine Konvention mit einem generellen Klonverbot aussprachen sind Antigua und Barbuda, Argentinien, Costa Rica, Dominika, Dominikanische Republik, El Salvador, Eritrea, Äthiopien, Fidschi, Georgien, Grenada, Honduras, Italien, Kasachstan, Kenia, Kirgisien, Lesotho, Marshall-Inseln, Mikronesien, Nicaragua, Nigeria, Panama, Paraguay, Philippinen, Saint Kitts und Nevis, Santa Lucia, Saint Vincent und Grenadinen, Spanien, Surinam, Tadschikistan, Osttimor, Tonga, Turkmenistan, Tuvalu, USA, Usbekistan und Vanuatu.

Länder, die sich für eine Konvention aussprachen, die nur das reproduktive Klonen verbietet sind Belgien, Brasilien, China, Dänemark, Deutschland, Finnland, Frankreich, Griechenland, Island, Japan, Kanada,

---

[10] Online abrufbar unter http://www.un.org/law/cloning/ [Zum Dokument gelangen Sie, indem Sie auf der rechten Seite unter »Reports« »Sixth Committee to General Assembly Plenary 2004 (A/59/516)« »Add. 1« »E« aufrufen.] [09. März 2005].

[11] Der Deutsch-Französische-Entwurf ist bei den UN unter der Dokumenten-Nummer A/C.6/57/L.8 registriert.

[12] Der Spanien-USA-Philippinen-Entwurf ist bei den UN unter der Dokumenten-Nummer A/C.6/57/L.3/Rev.1 registriert.

Kuba, Lettland, Liechtenstein, Litauen, Luxemburg, Norwegen, Schweiz, Slowenien, Tschechien, Ungarn und Weißrussland.

Die Verhandlungen wurden im November 2002 unterbrochen und im September 2003 fortgesetzt.[13] Am 19. November 2004 schließlich erhielten beide eingebrachten Konventionsentwürfe nicht die zum Erlass einer Konvention nötige Zwei-Drittel-Mehrheit. Ab Februar 2005 wurde auf Basis eines Kompromissentwurfes weiterdiskutiert. Verabschiedet wurde schließlich nur eine Resolution der Generalversammlung, die rechtlich nicht bindend ist. Die Mitgliedstaaten werden darin aufgefordert, die Erzeugung von Menschenleben durch Klonprozesse sowie jede Forschung, die diesem Ziel dient, zu unterbinden. Die Menschenwürde soll unter allen Umständen respektiert werden, namentlich sollen Frauen nicht ausgebeutet werden. Die Mitgliedstaaten sollen außerdem entsprechende nationale Gesetze hierüber erlassen. Zudem sollen sie gegen gentechnische Maßnahmen, die der Menschenwürde widersprechen, eingreifen. Am 18. Februar 2005 stimmte die Generalversammlung der Resolution mit 89 Ja-, 34 Nein-Stimmen und 38 Enthaltungen zu.

---

[13] Statements der einzelnen Länder zu den Plänen unter: http://www.un.org/News/Press/docs/2002/gal3216.doc.htm [08. Mai 2006].

7. Europäisches Parlament: Entschließung zum Klonen (1998)

Das *Europäische Parlament* bekräftigt in seiner Entschließung vom 15. Januar 1998,[14] dass das Klonen von Menschen im Hinblick auf ein Individualrecht auf genetische Identität verboten sein müsse. Die Mitgliedstaaten der Europäischen Union werden aufgefordert, das Übereinkommen des Europarates zur Biomedizin samt Zusatzprotokoll zu unterzeichnen und zu ratifizieren. Unter C. der Erklärung wird konstatiert, dass das Klonen von Menschen, zu welchem Zweck auch immer, unethisch sei und eine schwere Verletzung grundlegender Menschenrechte darstelle, die in keinem Fall gerechtfertigt oder akzeptiert werden könne. Die Entschließung hat für die Mitgliedstaaten keine rechtliche Bindungswirkung. Insbesondere ist sie kein geltendes Gemeinschaftsrecht geworden. Gemäß dem Prinzip der begrenzten Einzelermächtigung hat die EG im Grundsatz keine Kompetenz zum Erlass rechtsverbindlicher Normen auf dem Gebiet der Biomedizin.

---

[14] Online abrufbar unter http://www.europarl.europa.eu/omk/omnsapir.so/pv2?PRG=DOC PV&APP=PV%25202&LANGUE=DE&SDOCTA=12&TXTLST=1&POS=1&Type_Doc= RESOL&TPV=PROV&DATE=150198&PrgPrev=PRG@TITRE%7cAPP@PV2%7cTYPEF @TITRE%7cYEAR@98%7cFind@%256b%256c%256f%256e%2565%256e%7cFILE@BIBLIO 98%7cPLAGE@1&TYPEF=TITRE&NUMB=1&DATEF=980115 [09. August 2007].

8.   Europäisches Parlament: Entschließung zum Klonen (2000)

In einer weiteren Entschließung von 2000 bekräftigt das *Europäische Parlament* seine vorherige Stellungnahme.[15] Das therapeutische Klonen, welches die Erzeugung von Embryonen allein zu Forschungszwecken impliziere, werfe ein grundlegendes ethisches Dilemma auf. Es finde hierdurch eine irreversible Grenzüberschreitung statt, welche mit der öffentlich vertretenen Politik der Europäischen Union unvereinbar sei. Anstoß der Debatte war die Empfehlung einer von der britischen Regierung eingesetzten Expertengruppe[16] für das therapeutische Klonen in dem Bericht *Stem Cell Research: Medical Progress with Responsibility*.

Darin wird die Regierung Großbritanniens aufgefordert, ihre Position zum Klonen menschlicher Embryonen zu überprüfen, sowie an die Parlamentarier Großbritanniens appelliert, von ihrer Gewissensfreiheit Gebrauch zu machen und gegen den Vorschlag zu stimmen, wonach die Verwendung von durch Zellkernübertragung erzeugten Embryonen in der Forschung erlaubt werden soll.

In der Begründung wird unter anderem darauf verwiesen, dass es zum therapeutischen Klonen z.B. die Alternative der Entnahme von adulten Stammzellen bzw. der Benutzung von Nabelschnurblut gibt. Die frühere Stellungnahme wird insofern bestätigt und bezüglich des therapeutischen Klonens noch präzisiert und mit Begründungen versehen.

---

[15] Online abrufbar unter http://www.europarl.europa.eu/omk/omnsapir.so/pv2?PRG=DOC PV&APP=PV2&LANGUE=DE&SDOCTA=8&TXTLST=1&POS=1&Type_Doc=RE SOL&TPV=DEF&DATE=070900&PrgPrev=PRG@TITRE%7cAPP@PV2%7cTYPEF@ TITRE%7cYEAR@00%7cFind@%254b%256c%256f%256e%2565%256e%7cFILE@BIBLIO00% 7cNBR05@0%7cNBR04@0%7cNBR03@0%7cNBR02@0%7cNBR01@0%7cNBR00@1% 7cNBR99@NULL%7cNBR98@NULL%7cNBR97@NULL%7cNBR96@NULL%7cNBR 95@NULL%7cNBR94@NULL%7cPREV@05%7cALL@yes%7cPLAGE@1&TYPEF=TIT RE&NUMB=1&DATEF=000907 [09. August 2007].

[16] Siehe auch Abschnitt I. 1.8.

9. Europäische Union: Charta der Grundrechte

Die *Charta der Grundrechte der Europäischen Union*[17] wurde von den Spitzen der drei EG-Hauptorgane (Parlament, Rat und Kommission) auf dem EU-Gipfel 2000 in Nizza feierlich proklamiert. Die Charta ist der erste Rechtstext, welcher einen umfassenden Grundrechtsschutz unter Einbeziehung sozialer Teilhaberechte in der Europäischen Union garantieren will. Adressat der Charta sind die Organe der EU und die Mitgliedstaaten, soweit letztere in einem gemeinschaftsrechtlich relevanten Kontext agieren. Der Rekurs auf gemeinsame Verfassungstraditionen in der Präambel impliziert allerdings, dass die in der Charta festgeschriebenen Grundsätze den Grundrechtssystemen der Mitgliedstaaten gemeinsam sind. Die Charta statuiert somit einen Grundkonsens, welcher letztlich auch verfassungsmäßige Mindeststandards des Grundrechtschutzes innerhalb der Mitgliedstaaten widerspiegelt.

Artikel 3 Abs. 2, 4. Spiegelstrich schreibt das Verbot reproduktiven Klonens als Ausprägung oder Konkretisierung des Individualrechtes auf körperliche und geistige Unversehrtheit fest. Die »Subsumtion« des Verbotes des reproduktiven Klonens unter ein individuelles Rechtsgut bestimmt zugleich die systematische Stellung dieses Verbotes im Gemeinschaftsrecht. Das Verbot reproduktiven Klonens ist danach nicht (nur) als Norm zum Schutz vor sittlichen Fehlentwicklungen des europäischen Gemeinwesens gemeint, sondern insinuiert ein individuelles Recht auf genetische Identität und Integrität. Es bleibt festzuhalten, dass Art. 3 Abs. 2, 4. Spiegelstrich lediglich das reproduktive Klonen anspricht. Diese Formulierung ist so zu deuten, dass das therapeutische Klonen *per se* nicht ohne Weiteres gegen die auf Gemeinschaftsebene garantierten Individualrechte verstößt. Ein darüber hinausgehender Individualrechtsschutz bzw. Verbote

---

[17] Abrufbar unter: http://www.datenschutz-berlin.de/recht/eu/ggebung/charta.htm [08. Mai 2006]; zum genauen Status der Charta und dem Zeitplan ihrer Aufnahme in das primäre Gemeinschaftsrecht: http://europa.eu.int/eur-lex/de/com/cnc/2000/com2000_0644de01.pdf [08. Mai 2006].

therapeutischen Klonens bleiben den Mitgliedstaaten grundsätzlich unbenommen.

Der Entwurf für den Vertrag über eine Verfassung für Europa (VVE) umfasst in seinem zweiten Kapitel die Charta der Grundrechte und würde im Falle seines Inkrafttretens die Grundrechts-Charta zur normativen Basis der Union in Fragen der Menschenrechte erheben. Mit der vorläufigen Suspendierung des Ratifizierungsprozesses bis 2007 ist im Augenblick nicht absehbar, ob, und wenn ja, wann es zu der Aufnahme der Charta in den Kernbereich des europäischen Primärrechtes kommt. Der Charta kommt insofern zur Zeit keine Rechtsverbindlichkeit in Bezug auf die Mitgliedstaaten zu.

10. Europäische Gruppe für Ethik der Naturwissenschaften und der neuen Technologien: Stellungnahmen

Die *Europäische Gruppe für Ethik der Naturwissenschaften und der neuen Technologien* (EGE) stellt in ihrer Stellungnahme vom 14. November 2000 fest, dass die Erzeugung von Embryonen durch den Kerntransfer somatischer Zellen insofern verfrüht wäre, als sich der Wissenschaft ein weites Feld für Forschungen mit alternativen Quellen für menschliche Stammzellen (›überzählige‹ Embryonen, fetales Gewebe und adulte Stammzellen) bietet.[18] Die Stellungnahme hat keinen rechtlich bindenden Charakter.

---

[18] Abrufbar unter http://ec.europa.eu/european_group_ethics/docs/avis15_en.pdf [09. August 2007].

11. Europäische Union: Sechstes Forschungsrahmenprogramm

Hinzuweisen ist noch auf das Sechste Europäische Forschungsrahmenprogramm (6. FRP), das der Rat der EU am 30. September 2002 mit einem Volumen von 17,5 Milliarden Euro verabschiedete. Die EU bündelt ihre Aktivitäten im Bereich der Förderung von Forschung und technologischer Entwicklung in sogenannten Rahmenprogrammen (Rechtsgrundlage ist dabei Art. 163 des Vertrages zur Gründung der Europäischen Gemeinschaft[19]). Primäre Zielrichtung der Rahmenprogramme sind die Stärkung der wissenschaftlichen und technologischen Grundlagen der Gemeinschaft, sowie die Stärkung der Wettbewerbsfähigkeit des europäischen Forschungsraumes[20]. Das Sechste Programm enthielt fünf spezifische Teilprogramme. Ein Themenbereich betraf Biowissenschaft, Genomik und Biotechnologie im Dienst der Gesundheit. Diesbezüglich einigten sich die Länder auf zentrale ethische Grundsätze für die Finanzierung von Stammzellforschung. Danach waren Forschungsarbeiten zum reproduktiven Klonen, zur Keimbahnintervention sowie zur Erzeugung von Embryonen zu Forschungszwecken oder zur Gewinnung von Stammzellen einschließlich des therapeutischen Klonens verboten. Darüber hinaus wurde auf Initiative der deutschen Delegation die Finanzierung von Forschungsarbeiten mit menschlichen Embryonen und menschlichen embryonalen Stammzellen mit Ausnahmen in Banken existierender oder in Kultur isolierter Stammzellen bis Dezember 2003 ausgesetzt. Die Besonderheit des 6. FRP für die in diesem Bericht behandelte Thematik ist, dass das Programm, obgleich es nicht einstimmig verabschiedet wurde, dennoch für alle Länder verbindlich war. Das informelle und nicht rechtsverbindliche Moratorium lief am 31. Dezember 2003 aus; ursprünglich war bei der Einigung vorgesehen worden, bis zum Auslaufen des Moratoriums detailliertere Durchführungsvorschriften für die Förderung von Forschungsprojekten,

---

[19] Erhältlich unter http://eur-lex.europa.eu/de/treaties/dat/12002E/htm/C_2002325DE.003301.html [28. Mai 2007].
[20] Siehe auch http://europa.eu/scadplus/leg/de/lvb/i23012.htm [28. Mai 2007].

die menschliche Embryonen oder menschliche embryonale Stammzellen verwenden, zu erlassen. Ein entsprechender Kommissionsvorschlag scheiterte jedoch unter anderem am Widerstand der Bundesrepublik Deutschland auf Grund der Inkompatibilität der EG-Forschungsförderung mit der Stichtagsregelung des deutschen Stammzellgesetzes. Angesichts des Fehlens spezifischerer Durchführungsbestimmungen war die Förderung von Projekten im Bereich der Forschung an humanen embryonalen Stammzellen grundsätzlich auch dann möglich, wenn diese im Widerspruch zu den nationalen Rechtsordnungen einiger Mitgliedstaaten stand. Unzulässig war sie nur insoweit, als (Teil-)Projekte gefördert würden, welche in den Ländern der Antragsteller (oder Mitantragsteller) als rechtswidrig zu qualifizieren wären. Angesichts der unerlässlichen Vernetzung der Forschungsbestrebungen im Bereich der Stammzellforschung über die nationale Ebene hinaus einerseits und der Unwägbarkeiten der Anwendung strafbewehrter Vorschriften im Fall grenzüberschreitender Forschungskooperation führte dies zu weitgehenden Einschränkungen bei der Forschungsförderung durch die EU[21].

Während der Geltungsdauer des Sechsten Forschungsrahmenprogramms kam es nicht zu einer Förderung von Forschungsprojekten durch die EU, welche sich im Widerspruch zur deutschen Rechtslage befunden hätten.

---

[21] Zur territorialen Erstreckung der strafbewehrten Normen des Stammzellgesetzes und Embryonenschutzgesetzes siehe auch Eser / Koch 2003a und Dahs / Müssig 2003.

111

12. Europäische Union: Siebtes Forschungsrahmenprogramm

Für den Zeitraum von 2007 bis 2013 wurde am 18. Dezember 2006 das Siebte Forschungsrahmenprogramm der EU beschlossen.[22] Gegen den Widerstand Deutschlands und einiger weiterer Mitgliedsstaaten sieht das Siebte Rahmenprogramm die Förderung von Projekten zur Forschung an humanen embryonalen Stammzellen unter strikten Rahmenbedingungen vor. Von der Förderung ausgeschlossen sind
- Forschungstätigkeiten mit dem Ziel der Klonung menschlicher Embryonen,
- Forschungstätigkeiten zur Veränderung des Erbguts des Menschen, durch die solche Änderungen vererbbar werden könnten,
- sowie Forschungstätigkeiten zur Züchtung menschlicher Embryonen ausschließlich zu Forschungszwecken oder zur Gewinnung embryonaler Stammzellen.

Eine Regelung, welche die Förderungswürdigkeit von Projekten daran knüpft, dass etwaige beforschten Stammzellen vor einem bestimmten Stichtag gewonnen wurden, ist nicht enthalten. Auch weiterhin sind indes solche Projekte von der Förderung ausgeschlossen, die als Ganzes oder in Teilen in der nationalen Rechtsordnung von (Mit-) Antragsstellern als rechtswidrig zu qualifizieren sind.

---

[22] Online abrufbar unter http://eur-lex.europa.eu/LexUriServ/site/de/oj/2006/l_391/l_39120061230de00190027.pdf [09. August 2007].

III. Vergleichende Übersicht

Hans-Georg Dederer

Die vorangegangenen Länderberichte[1] informieren darüber, ob und wie die Staaten Europas und ausgewählte außereuropäische Staaten die Präimplantationsdiagnostik (PID), die Embryonenforschung, die Forschung an menschlichen embryonalen Stammzellen (hES-Zellen) sowie das therapeutische und reproduktive Klonen normieren. Aufgrund dieser Länderberichte lassen sich – unter Berücksichtigung des völker- und europarechtlichen Umfelds[2] – gewisse internationale Tendenzen bioethischer Normgebung ablesen.

Die vorliegende vergleichende Übersicht unternimmt insofern den Versuch, die auf nationaler sowie supra- und internationaler Ebene entwickelten normativen Standards einer »Synthese« zuzuführen. Hierzu soll die Vielfalt der Regelungsvarianten bzw. -optionen zunächst systematisch geordnet und veranschaulicht werden. Auf dieser Grundlage lassen sich dann wertend (und insoweit mit gewisser Vorsicht) typische Regelungsmuster identifizieren. Der Rechtsvergleich soll schließlich genaueren, empirisch fundierten Aufschluss über die internationale Positionierung des deutschen bioethischen Rechtsrahmens geben.

---

[1] Siehe oben I.
[2] Siehe oben II.

1. Regelungsebenen

1.1 Völker- und Europarecht

Für die europäische Staatengemeinschaft bilden die *Biomedizinkonvention* des Europarates und ihre Zusatzprotokolle, insbesondere das *Klonprotokoll*, die zentralen *völkerrechtlichen Verträge* bioethischen Regelungsinhalts. Die Biomedizinkonvention[3] verbietet das Erzeugen von Embryonen zu Forschungszwecken, lässt aber die Forschung an zu anderen (z. B. zu Reproduktions-)Zwecken erzeugten Embryonen *in vitro* unter dem Vorbehalt zu, dass die jeweilige nationale Rechtsordnung einen »angemessenen Schutz« der Embryonen gewährleistet. Das Klonprotokoll verbietet das Klonen von »menschlichen Lebewesen«, und zwar sowohl in der Form des Embryosplittings als auch in der Form des Zellkerntransfers[4].

Die Biomedizinkonvention stellt ein rechtlich verbindliches, völkerrechtliches Instrument dar, das 34 (von 47) Europaratsstaaten unterzeichnet haben. Ihre Bedeutung wird allerdings dadurch geschmälert, dass deutlich weniger Staaten, nämlich nur 21, die völkervertragliche Bindung durch Ratifikation tatsächlich eingegangen sind. Nicht anders verhält es sich mit dem Klonprotokoll, das wiederum immerhin von 31 Staaten unterzeichnet, aber von lediglich 16 ratifiziert worden ist[5].

Die vereinzelt bei Ratifikation erklärten *Vorbehalte* zur Biomedizinkonvention haben für die hier behandelten bioethischen Regelungsgegenstände keine Bedeutung. Von Interesse ist demgegenüber eine lediglich als Auslegung gemeinte *Erklärung* der Niederlande zu Artikel 1 des Klonprotokolls. Danach soll sich der Begriff »human being« (»menschliches Lebe-

---

[3] Die hier und nachfolgend in Bezug genommenen Rechtsnormen der nationalen sowie supra- und internationalen Regelwerke werden, um Wiederholungen und Längen zu vermeiden, hier, im III. Abschnitt, nicht nochmals dargestellt. Der Leser sei insoweit auf die Berichte in den Abschnitten I. und II. verwiesen.

[4] Näher oben II.1. und 2.

[5] Das Zusatzprotokoll kann nur ratifiziert werden, wenn zuvor auch die Konvention ratifiziert worden ist.

wesen«) nur auf geborene Menschen beziehen[6]. Diese interpretative Erklärung will Artikel 1 des Klonprotokolls offenbar nur als Verbot des reproduktiven Klonens verstanden wissen.

In denjenigen Ländern, welche (wie Bosnien-Herzegowina, Bulgarien, Dänemark, Estland, Georgien, Griechenland, Island, Kroatien, Litauen, Moldawien, Norwegen, Portugal, Rumänien, San Marino, Slowakei, Slowenien, Spanien, Tschechien, Türkei, Ungarn, Zypern) die Biomedizinkonvention bzw. (wie Bulgarien, Estland, Georgien, Griechenland, Island, Kroatien, Litauen, Moldawien, Portugal, Rumänien, Slowakei, Slowenien, Spanien, Tschechien, Ungarn, Zypern) das Klonprotokoll ratifiziert haben,[7] wird in der Regel zugleich von der *innerstaatlichen Geltung* dieser völkerrechtlichen Instrumente auszugehen sein. Soweit die Bomedizinkonvention und das Klonprotokoll danach innerstaatlich gelten, sind das Verbot der Erzeugung von Embryonen zu Forschungszwecken in der Biomedizinkonvention und das Verbot des Klonens im Klonprotokoll als *self-executing*, also als unmittelbar anwendbare Rechtsnormen anzusehen, d. h. als Rechtsnormen, die sowohl von Behörden und Gerichten als auch vom Einzelnen unmittelbar zu beachten und anzuwenden sind, ohne dass die Anwendbarkeit dieser Rechtsnormen noch von weiteren innerstaatlichen Durchführungsmaßnahmen abhinge.

Im *Primärrecht* der *Europäischen Union*[8] lassen sich gegenwärtig keine Normen nachweisen, die spezifisch auf die hier untersuchten bioethischen Problemfelder bezogen sind. Die ausdrücklichen Verbote der Eugenik, der Kommerzialisierung des menschlichen Körpers und seiner Teile sowie (nur) des reproduktiven Klonens in der *Charta der Grundrechte der Europäischen Union*[9] sind bisher ebenso wenig rechtlich verbindlich wie die korres-

---

[6] http://conventions.coe.int/Treaty/Commun/ListeDeclarations.asp?NT=168&CM=8&DF=6/19/2007&CL=GER&VL=1 [19. Juni 2007].

[7] Der aktuelle Stand der Unterzeichnungen und Ratifizierungen wird auf den Webseiten des Europarates dargestellt. Siehe zur Biomedizinkonvention http://conventions.coe.int/Treaty/Commun/ChercheSig.asp?NT=164&CM=8&DF=6/19/2007&CL=GER [19. Juni 2007]; zum Klonprotokoll http://conventions.coe.int/Treaty/Commun/ChercheSig.asp?NT=168&CM=8&DF=6/19/2007&CL=GER [19. Juni 2007].

[8] Das sind die Gründungsverträge der Europäischen Gemeinschaft (EG; früher: Europäische Wirtschaftsgemeinschaft – EWG), der Europäischen Atomgemeinschaft (Euratom – EAG), der (nicht mehr existierenden) Europäischen Gemeinschaft für Kohle und Stahl (Montanunion – EGKS) und der Europäischen Union (EU) unter Einschluss der jeweiligen Änderungsverträge sowie der diesen Verträgen beigefügten Protokolle; ferner die allgemeinen Grundsätze des Gemeinschaftsrechts, insbesondere die Unionsgrundrechte.

[9] Siehe oben II.9.

pondierenden Vorschriften des nicht in Kraft getretenen *Vertrages über eine Verfassung für Europa*.

Das *Sekundärrecht* der Europäischen Union[10] steuert bioethisch relevantes Verhalten lediglich indirekt. So schließt die *Biopatentrichtlinie*[11] die Patentierbarkeit bestimmter Erfindungen aus, deren gewerbliche Verwertung gegen den europäischen *ordre public* verstößt. Davon betroffen sind auch Verfahren zum Klonen von menschlichen Lebewesen und die Verwendung von menschlichen Embryonen zu industriellen oder kommerziellen Zwecken. Der Patentierungsausschluss bedeutet aber nicht, dass auch die Ausführung der Erfindungen als solche verboten ist. Ein solches Verbot kann sich gegenwärtig nur aus dem nationalen Recht der einzelnen EU-Mitgliedstaaten ergeben.

Ebenso verhält es sich mit dem Ausschluss von Forschungsvorhaben aus der Förderung durch das Sechste und Siebte *Forschungsrahmenprogramm* der Europäischen Gemeinschaft[12]. Die EG versagt die beantragte Forschungsförderung, weil und soweit die Forschungsprojekte gegen bestimmte (bio-)ethische Grundsätze verstoßen. Ausgenommen von der Förderung sind unter anderem ausdrücklich solche Forschungstätigkeiten, die auf das Klonen oder auf die Züchtung von Embryonen ausschließlich zu Forschungszwecken oder zum Zweck der Gewinnung von hES-Zellen gerichtet sind. Der Ausschluss von der Forschungsförderung durch die EG bedeutet auch hier nicht, dass die Durchführung des Forschungsvorhabens als solche verboten ist.

Jenseits ihrer völkerrechtlichen Verbindlichkeit für die jeweils ratifizierenden Staaten leisten die Biomedizinkonvention und das Klonprotokoll des Europarats ebenso wie die EU-Charta der Grundrechte und die soeben genannten Regelwerke der Europäischen Gemeinschaft einen bedeutenden, den europäischen Rechtsraum überschreitenden Beitrag zur Ausprägung von sog. *soft law* auf der *internationalen Ebene*. Das bioethisch relevante internationale *soft law* findet sein Substrat darüber hinaus in weiteren *rechtlich nicht verbindlichen Instrumenten* (z. B. »Erklärungen«, »Resolutionen«, »Stellungnahmen«, etc.) von Organen bzw. Einrichtungen der *Europäischen Gemeinschaft*[13] und anderer *internationaler Organisationen*, na-

---

[10] Rechtsakte, die von den Organen der Europäischen Gemeinschaften bzw. von diesen Organen im Rahmen der Europäischen Union auf Grundlage der im Primärrecht verankerten Ermächtigungen erlassen werden (z. B. Verordnungen, Richtlinien).

[11] Richtlinie 98/44/EG des Europäischen Parlaments und des Rates vom 6. Juli 1998 über den rechtlichen Schutz biotechnologischer Erfindungen (ABl. L 213 vom 30.7.1998, S. 13).

[12] Siehe oben II.11. und 12.

[13] Siehe oben II.7., 8. und 10.

mentlich der Vereinten Nationen (UN) und ihrer Sonderorganisationen WHO und UNESCO[14].

In Fragen der bioethischen Normsetzung streben schließlich Staatengruppen, z. B. die nordischen Länder innerhalb des *Nordic Council* (Dänemark, Finnland, Island, Norwegen, Schweden)[15], eine Art *regionale Abstimmung* an. Dabei handelt es sich um eine lediglich informale Harmonisierung nationaler Rechtsetzung mehrerer sich als regional zusammengehörig definierender Staaten.

1.2 Nationales Recht

Im innerstaatlichen Recht finden sich auf der Ebene der *Verfassung* nur ausnahmsweise, etwa in der Schweiz, spezifisch bioethische Rechtsnormen. Sie sind »gesetzesmediatisiert«, d. h. explizit auf Entfaltung durch den Gesetzgeber angelegt, dessen Gestaltungsspielraum aber gerade durch verfassungsrechtliche Vorgaben (»Grundsätze«) erheblich begrenzt wird. Vereinzelt, nämlich in Irland, tritt außerdem der Sonderfall auf, dass unmittelbar aus einer in der Verfassung verankerten Schutzpflicht des Staates für das ungeborene Leben, mithin offenbar ohne weitere Konkretisierung auf Gesetzes- oder Verordnungsebene, weit reichende rechtliche Folgerungen für die (Un-)Zulässigkeit von PID, Embryonenschutz und hES-Zellforschung gezogen werden.

Die typische Rechtsquelle für die rechtliche Regelung bioethisch relevanten Verhaltens in den untersuchten Staaten stellt das *parlamentarische Gesetz* dar (Australien, Belgien, Dänemark, Deutschland, Estland, Finnland, Frankreich, Griechenland, Großbritannien, Israel, Italien, Japan, Kanada, Lettland, Litauen, Niederlande, Norwegen, Österreich, Polen, Portugal, Schweden, Schweiz, Slowenien, Slowakei, Spanien, Tschechien, Ungarn). Dabei weisen diese Gesetze in der Regel eine hohe Regelungsdichte auf, d. h. die Legislative setzt jeweils nicht lediglich einen von der Exekutive auf untergesetzlicher Ebene auszufüllenden, bloßen Rechtsrahmen, sondern trifft die das Verhalten steuernden Regelungen selbst und im Einzelnen, z. B. in Gestalt von (gegebenenfalls strafbewehrten) Verboten, Erlaubnisvorbehalten, Zuständigkeits- und Verfahrensregeln. Darüber hinaus notwendige Durchführungsbestimmungen werden oft in der Form

---

[14] Siehe oben II.3. bis 6.
[15] Siehe oben I.1.2.

von *Rechtsverordnungen* erlassen (Dänemark, Deutschland, Finnland, Norwegen).

Unterhalb der Ebene des Gesetzes können aber auch (ministerielle, behördliche oder sonst staatlich zu verantwortende sowie berufsständische) *Richtlinien* der bioethischen Verhaltenssteuerung dienen. Obgleich sie in der Regel nicht Rechtsnormen im eigentlichen Sinne darstellen dürften[16], entfalten sie in den untersuchten Staaten doch maßgebliche, normative Steuerungswirkungen. Diese Art der Regulierung mag bislang (vollständig oder teilweise) fehlender Normgebung durch den Gesetzgeber geschuldet sein (so in einigen Bundesstaaten Australiens, in China, Griechenland, Indien, Irland, Japan, Kanada, Schweden). In anderen Staaten kann diese Variante der Regulierung aber auch gerade auf eine gesetzliche Ermächtigung zurückgehen (so in Japan) oder jedenfalls in Konkretisierung der gesetzlichen Grundlagen erfolgen (so in Großbritannien, Lettland, Schweden, Ungarn).

In *Bundesstaaten* ist die *Gesetzgebungskompetenz* für die hier interessierenden bioethischen Regelungsgegenstände offenbar überwiegend (als ausschließliche oder zumindest konkurrierende Kompetenz) der *zentralstaatlichen* Ebene zugeordnet (Belgien, Deutschland, Kanada, Österreich, Schweiz). Entsprechende Regelungszuständigkeiten können aber auch ausschließlich (USA) oder, wegen einer bloßen Rahmengesetzgebungskompetenz des Zentralstaates (Australien), im Wesentlichen bei den *Gliedstaaten* liegen.

---

[16] Im Einzelnen kommt es insoweit auf die in dem jeweiligen Land geltende öffentlich-rechtliche Dogmatik an.

2. Regelungsansätze

Im Regelfall bedient sich die staatliche Regelung bioethisch relevanten Verhaltens *direkter Verhaltenssteuerung*, d. h. unmittelbar an die betroffenen Akteure gerichteter Verbote oder Gebote oder Erlaubnisvorbehalte. Allenfalls *indirekte* Verhaltenssteuerung erfolgt durch die Bedingungen, an welche die Vergabe öffentlicher Fördermittel (z. B. durch die EG oder durch die Zentralgewalt in den USA) geknüpft wird. Hierdurch vermag lediglich eine vergleichsweise »sanfte« Lenkung der Akteure in die gewünschte (Forschungs-)Richtung erreicht zu werden.

Oft setzen die untersuchten Staaten ihr schärfstes hoheitliches Mittel, das *Strafrecht* ein. Unmittelbar mit strafrechtlichen Sanktionen bedroht ist sehr häufig das Klonen (Australien, Deutschland[17], Estland[18], Frankreich, Griechenland[19], Großbritannien[20], Japan, Schweiz, Slowenien, Slowakei, Spanien[21], Tschechien). Daneben existieren Straftatbestände, welche die Durchführung einer PID (Deutschland[22], Estland[23]) erfassen. Bestraft wird vereinzelt auch die Herstellung von Embryonen zu Forschungszwecken (Estland) oder zu kommerziellen Zwecken (Frankreich) oder überhaupt zu Zwecken, die nicht der Herbeiführung einer Schwangerschaft dienen (Deutschland). Strafbewehrt sein kann ferner der Verstoß gegen solche Vorschriften, welche die (an sich zulässige) Forschung an Embryonen einhegen sollen (Finnland, Frankreich, Italien). Mit Strafe geahndet wird vereinzelt außerdem der Verbrauch von Embryonen (Deutschland, Polen[24]), die extrakorporale Entwicklung von Embryonen über den

---

[17] Streitig für therapeutisches Klonen (siehe oben I.1.3).
[18] Zweifelhaft für therapeutisches Klonen (siehe oben I.1.4).
[19] Nur reproduktives Klonen (siehe oben I.1.7).
[20] Nur reproduktives Klonen (siehe oben I.1.8).
[21] Reichweite des strafbewehrten Klonverbots allerdings umstritten (siehe oben I.1.24).
[22] Streitig (siehe oben I.1.3).
[23] Zweifelhaft (siehe oben I.1.4).
[24] Als Abtreibung (siehe I.1.18).

14. Tag nach Befruchtung hinaus (Australien) oder die Kommerzialisierung von Embryonen (Deutschland, Australien).

Von den *Regelungsgegenständen* der parlamentarischen Gesetze her betrachtet lassen sich eher fragmentarische Regelungsansätze von solchen Regelungsansätzen unterscheiden, welche die einzelnen bioethischen Problemfelder (PID, Klonen, Stammzellforschung, usw.) in einem weiter gezogenen, allgemeineren Rechtsrahmen zu erfassen suchen. Diese unterschiedliche Regelungssystematik kann z.B. bei der Norminterpretation Bedeutung erlangen. Dem fragmentarischen Regelungsansatz folgend wird selektiv nur ganz bestimmtes bioethisch relevantes Verhalten in einem *Spezialgesetz* geregelt, z.B. nur das reproduktive Klonen (Großbritannien) oder das Klonen allgemein (Australien, Japan), die Gewinnung und/oder die Verwendung und/oder der Import von hES Zellen (Deutschland, Schweiz)[25], die Forschung an Embryonen (Australien, Belgien, Großbritannien, Niederlande, Spanien) bzw. der Embryonenschutz (Deutschland, Lettland, Polen). In anderen Staaten werden diese bioethischen Problemfelder dagegen in größere Regelungszusammenhänge gestellt, also rechtssystematisch z.B. beim Recht der Fortpflanzungsmedizin (Australien, Dänemark, Estland, Griechenland, Großbritannien, Italien, Kanada, Lettland, Norwegen, Österreich, Portugal, Schweden, Schweiz, Slowenien, Spanien), der (bio-)medizinischen Forschung (Dänemark, Finnland, Litauen, Norwegen) oder der öffentlichen Gesundheit (Frankreich, Slowakei, Ungarn) verortet.

Nur ausnahmsweise existieren in einem Staat überhaupt *keine spezifischen rechtlichen Regelungen* auf dem Gebiet der PID sowie der Embryonen- und hES-Zellforschung (Luxemburg, Malta, Zypern). Soweit die Biomedizinkonvention und das Klonprotokoll des Europarats in diesen Ländern innerstaatlich gelten (Zypern), sind die darin normierten Verbote der Erzeugung von Embryonen zu Forschungszwecken bzw. des Klonens unmittelbar anwendbar[26]. Darüber hinaus darf aus dem Fehlen einschlägiger Regelungen über die PID oder über die Embryonen- und hES-Zellforschung nicht geschlossen werden, dass damit jedwedes Handeln in diesen Bereichen vollkommen frei wäre und nicht doch (zumindest) im Einzelfall verboten werden könnte. Denn in allen Staaten wird in der Regel eine Rechtsmaterie existieren, die in Deutschland als Polizei- und Ordnungsrecht bezeichnet wird, also ein Regelwerk, das auf der Ebene des einfachen Gesetzes ganz allgemein dem Schutz z.B. der »öffentlichen Sicherheit«, »öf-

---

[25] So *de lege ferenda* auch in Tschechien (siehe oben I.1.25).
[26] Dazu oben III.1.1.

fentlichen Sittlichkeit« oder »öffentlichen Ordnung« dient. Diese general-
klauselartig formulierten Schutzgüter (»öffentliche Sicherheit«, »öffentliche Sittlichkeit«, öffentliche Ordnung«) dürften dabei gerade auch die
Durchsetzung verfassungsrechtlicher Grundsatzentscheidungen (»Wer-
te«) ermöglichen. Sofern PID oder Embryonen- bzw. hES-Zellforschung
in einem Staat, z.B. im Lichte seiner Verfassung, allgemein oder unter
bestimmten Voraussetzungen als Verstoß gegen die Schutzgüter öffentliche Sicherheit, öffentliche Sittlichkeit oder öffentliche Ordnung aufgefasst würden, könnten von der zuständigen (Verwaltungs-)Behörde im
Einzelfall oder auch generell Verbote verhängt werden.

3. Regelungsgegenstände

3.1 Präimplantationsdiagnostik

Ein ausnahmsloses *Verbot* der PID gilt nur in einer Minderheit der untersuchten Staaten (und auch dort oft nur nach umstrittener oder gar zweifelhafter Auffassung), so in Deutschland[27], Estland[28], Irland[29], Italien[30], Österreich[31], Polen[32], Schweiz, in den USA in Florida, Louisiana, Maine, Minnesota und Pennsylvania. Häufiger wird dagegen die PID als *prinzipiell zulässig* angesehen, wie etwa in Australien (auf der zentralstaatlichen Ebene), Belgien, Dänemark, Finnland, Frankreich, Griechenland, Großbritannien, Japan, Kanada, Norwegen, Portugal, Schweden sowie in den USA in Massachusetts, Michigan, North Dakota, New Hampshire und Rhode Island, ferner wohl auch in China[33] und Ungarn[34]. Zumindest nicht untersagt ist die PID in Lettland, den Niederlanden, und in Indien.

Typischerweise knüpft die Zulässigkeit der PID an eine *medizinische Indikation* an. Insoweit wird überwiegend die *hohe Wahrscheinlichkeit einer schweren erblichen Krankheit* vorausgesetzt (Dänemark, Finnland, Frankreich, Norwegen, Schweden, Spanien). Teilweise muss die Krankheit darüber hinaus als gegenwärtig *unheilbar* anzusehen sein (Frankreich, Norwegen, Schweden). Lediglich vereinzelt genügt offenbar schon jedwede genetische bzw. chromosomale Anomalie, solange deren Entdeckung vor der Implantation des Embryos (nur) »wünschenswert« (»desirable«) ist (Großbritannien). Wenn eine schwere Erbkrankheit *geschlechtsspezifisch* ist, wird im Zuge der PID auch eine Selektion von Embryonen nach dem Geschlecht zuge-

---

[27] Streitig (siehe oben I.1.3).
[28] Zweifelhaft (siehe oben I.1.4).
[29] Nach herrschender Meinung (siehe oben I.1.9).
[30] Streitig (siehe oben I.1.10).
[31] Nach herrschender Meinung (siehe oben I.1.17).
[32] Zweifelhaft (siehe oben I.1.18).
[33] Siehe oben I.2.2.
[34] Siehe oben I.1.26.

lassen (Belgien, Großbritannien, Norwegen, Schweden, Ungarn). Jenseits dieser Ausnahme gilt allgemein ein striktes *Verbot der Geschlechtsauswahl*. Ausdrückliche Normierung findet in einigen Staaten schließlich die Forderung nach der *Zustimmung der Eltern* des Embryos (Frankreich, Griechenland).

Außerdem können *Erlaubnisvorbehalte* zu beachten sein. Danach muss die PID in jedem Einzelfall vorher genehmigt werden (Großbritannien, Norwegen). Verschiedentlich bedarf (auch oder nur) die Einrichtung, an welcher die PID durchgeführt wird, einer staatlichen Zulassung (Frankreich, Griechenland, Großbritannien, Kanada).

3.2 Forschung mit menschlichen Embryonen

Ein *Verbot* der Forschung mit menschlichen Embryonen gilt nur in wenigen der hier untersuchten Staaten (und auch in diesen Fällen bisweilen offenbar nach nur herrschender Meinung), so in Deutschland, Irland[35], Norwegen, Österreich[36] und der Schweiz. Überwiegend geht das nationale Recht von der prinzipiellen *Zulässigkeit* der Embryonenforschung aus (Australien, Belgien, Dänemark, Estland, Finnland, Frankreich, Griechenland, Großbritannien, Indien, Israel, Japan, Kanada, Lettland, Portugal, Schweden, Slowenien, USA; wohl auch Singapur). In anderen Staaten ist die Forschung an Embryonen zwar an sich verboten, aber ausnahmsweise zulässig, sofern sie gerade dem konkreten Embryo zugute kommt, also in diesem Sinne »individualnützig« ist (Italien, Litauen, Slowakei, Spanien[37]). Auch die Biomedizinkonvention steht der Embryonenforschung nicht entgegen. Vereinzelt ist wegen des Verbots bzw. der Zulässigkeit der Embryonenforschung danach zu *differenzieren*, ob die zu »beforschenden« Embryonen lebensfähig oder ob sie tot bzw. »nicht lebensfähig« sind (Spanien).

Die *Zulässigkeitsvoraussetzungen* lassen sich zunächst in »embryobezogene« und »projektbezogene« Voraussetzungen einteilen. Zu den *embryobezogenen* Voraussetzungen der Zulässigkeit von Embryonenforschung zählt zunächst, dass die Embryonen aus *IVF* hervorgegangen, aber ›überzählig‹

---

[35] Nach herrschender Meinung (siehe oben I.1.9).
[36] Nach weit verbreiteter Meinung (siehe oben I.1.17).
[37] Im Fall der Forschung an lebensfähigen Embryonen bis zum 14. Tag nach Befruchtung. *De lege ferenda* soll die Beschränkung auf individualnützige Forschung nur noch für Embryonen *in vivo* gelten (siehe oben I.1.24).

geworden sein müssen, d.h. für den ursprünglichen Zweck der Fortpflanzung nicht mehr eingesetzt werden (Australien, Estland, Finnland, Frankreich, Griechenland, Großbritannien, Lettland, Slowenien[38]). Darüber hinaus darf die Forschung in manchen Staaten aber auch an solchen Embryonen durchgeführt werden, die *gerade zum Zweck der Forschung erzeugt* worden sind, sei es mit der Methode der IVF (Belgien, Großbritannien), sei es mit der Methode des SCNT (Belgien, Finnland, Großbritannien[39]). Vereinzelt wird gefordert, dass es sich um *tote* oder jedenfalls *»nicht lebensfähige«* Embryonen handeln muss (Spanien). In mehreren Staaten wird die Forschung an Embryonen auf einen Zeitraum beschränkt, welcher in der Regel (Australien, Belgien, Dänemark, Finnland, Griechenland, Großbritannien, Indien, Japan, Kanada, Schweden, Slowenien) *bis zum 14. Tag*, ausnahmsweise (Frankreich) *bis zum siebten Tag* der Embryonalentwicklung oder jedenfalls *bis zur Ausbildung des Primitivstreifens* (Großbritannien) dauert. Die *Lagerung* der für die Forschung in Betracht kommenden Embryonen ist unter Umständen zeitlich begrenzt, oft auf ein Jahr (Dänemark, Griechenland, Schweden), aber auch auf fünf Jahre (Frankreich), zehn Jahre (Australien) oder 15 Jahre (Finnland). Vereinzelt gilt eine *Obergrenze* für die *Zahl* der für das jeweilige Forschungsvorhaben freigegebenen Embryonen (Australien). Vielfach wird darüber hinaus die *Zustimmung der Eltern* bzw. Gametenspender gefordert (Australien, Estland, Finnland, Frankreich, Griechenland, Großbritannien, Japan, Kanada, Lettland, Schweden). In einzelnen Staaten kommt es ferner darauf an, dass die Embryonen vor einem bestimmten, fixen *Stichtag* erzeugt worden sind (Australien). Vereinzelt besteht schließlich ein *Verbot der Implantation* »beforschter« Embryonen (Schweden).

Im Vordergrund der *projektbezogenen* Zulässigkeitsvoraussetzungen steht, dass das *Forschungsziel* die Gewinnung *medizinischer* Erkenntnisse sein muss (Frankreich), insbesondere die Gewinnung von Erkenntnissen für Verfahren der *fortpflanzungsmedizinischen* Behandlung (Australien, Belgien, Dänemark, Großbritannien, Portugal, Schweden, Spanien[40]; ferner Niederlande nach Ablauf des Moratoriums[41]) oder für *Verhütungsmethoden* (Großbritannien, Schweden) oder auf dem Gebiet der regenerativen bzw. der *Transplantationsmedizin* (Belgien, Spanien[42]; ferner Niederlande nach

---

[38] *De lege ferenda* auch Spanien (siehe oben I.1.24).
[39] *De lege ferenda* auch Spanien (siehe oben I.1.24).
[40] Im Fall der Forschung an toten bzw. »nicht lebensfähigen« Embryonen.
[41] Siehe oben I.1.15.
[42] Im Fall der Forschung an toten bzw. »nicht lebensfähigen« Embryonen.

Ablauf des Moratoriums[43]). Außerdem kommt als legitimes Forschungsziel die Gewinnung von Erkenntnissen über die *Embryonalentwicklung* bzw.
über deren Störungen, wie z.B. in Gestalt von Spontanaborten oder Gen-
bzw. Chromosomenanomalien (Australien, Großbritannien, Schweden;
ferner Niederlande nach Ablauf des Moratoriums[44]) oder über die *Stammzellgewinnung* (Australien) oder auf dem Gebiet *gentechnischer Grundlagenforschung* in Betracht (Spanien[45]). Vereinzelt ist das Experiment strikt allein
auf »individualnützige« Zwecke z.B. der Prävention, Diagnose oder Therapie *zugunsten des einzelnen (IVF-)Embryos* beschränkt, der mithin nicht
»verbraucht« werden darf (Italien, Litauen, Slowakei, Spanien[46]). In einigen Staaten werden außerdem die *Alternativlosigkeit* des Forschungsvorhabens bzw. die Unerlässlichkeit der Verwendung von Embryonen vorausgesetzt (Belgien, Frankreich, Italien, Kanada, Lettland, Schweden; ferner
Niederlande nach Ablauf des Moratoriums[47]). Schließlich muss das Forschungsprojekt vereinzelt ausdrücklich auch vom neuesten *Stand der Wissenschaft* getragen sein (Belgien).

In mehreren Staaten wird die Forschung mit menschlichen Embryonen
einem *Erlaubnisvorbehalt* unterworfen. Danach bedarf das *Forschungsvorhaben* der vorherigen *Zulassung* durch eine oder mehrere Behörden (Australien, Finnland, Frankreich, Großbritannien, Kanada, Portugal), vereinzelt aber auch nur der *Anzeige* bei einer staatlichen Stelle (Belgien).
Darüber hinaus ist bisweilen die amtliche *Registrierung* des *Forschungslabors*
erforderlich (Belgien). Verschiedentlich muss außerdem eine positive Stellungnahme der jeweiligen lokalen *Ethik-Kommission* eingeholt werden (Belgien, Dänemark, Griechenland, Lettland, Schweden).

3.3 Herstellung von Embryonen zu Forschungszwecken, insb. Forschungsklonen (sog. »therapeutisches« Klonen)

Die ganz überwiegende Mehrheit der Staaten *verbietet* das Herstellen von
Embryonen zu Forschungszwecken und insoweit insbesondere das – gegenwärtig – ausschließlich Forschungszwecken dienende therapeutische

---

[43] Siehe oben I.1.15.
[44] Siehe oben I.1.15.
[45] Im Fall der Forschung an toten bzw. »nicht lebensfähigen« Embryonen.
[46] Im Fall der Forschung an lebensfähigen Embryonen bis zum 14. Tag nach Befruchtung.
[47] Siehe oben I.1.15.

Klonen (Dänemark[48], Deutschland[49], Estland, Frankreich, Israel, Italien, Kanada, Lettland, Litauen, Norwegen, Österreich[50], Polen, Schweiz, Slowenien, Slowakei, Spanien[51], Tschechien, in den USA Michigan und Iowa[52]; wohl auch Irland[53], Ungarn[54]). In verschiedenen Staaten ist das *Verbot* der Herstellung von Embryonen zu Forschungszwecken allerdings *auf die Erzeugung von Embryonen mittels IVF beschränkt*, d. h. die *Gewinnung von Embryonen mittels SCNT*, mithin therapeutisches Klonen *zugelassen* (Australien, Finnland, Indien, Portugal[55], Schweden, in den USA Kalifornien). Vereinzelt besteht außerdem lediglich ein zeitlich befristetes Verbot im Sinne eines *Moratoriums* (Niederlande).

Nach der *Biomedizinkonvention* ist die Herstellung von menschlichen Embryonen allein zu Zwecken der Forschung verboten.[56] Jenseits dieses völkerrechtlichen Vertrags dürfte die Erzeugung von Embryonen (einschließlich Forschungsklone / »therapeutischer Klone«) allein zu Forschungszwecken auf internationaler Ebene weithin auf ethische Missbilligung stoßen.

Eine durchaus beachtliche Zahl gewichtiger, in der Embryo- und Stammzellforschung bedeutender, z. T. führender Staaten hat sich für die rechtliche *Zulässigkeit* der Herstellung von Embryonen zu Forschungszwecken ausgesprochen (Belgien, China, Finnland, Großbritannien, Japan, Schweden; ferner Niederlande nach Ablauf des Moratoriums[57]). Vereinzelt ist die dabei für zulässig erachtete Herstellungstechnik aber auf SCNT beschränkt (Australien, Finnland[58], Indien, Schweden, in den USA Kalifornien).

Zu den zentralen *projektbezogenen Zulässigkeitsaussetzungen* gehört, dass die Herstellung der Embryonen *besonderen Forschungszwecken* dient (Belgien, Großbritannien, Japan, Schweden; ferner Niederlande nach Ablauf

---

[48] Zweifelhaft (siehe oben I.1.2).
[49] Streitig für das therapeutische Klonen (siehe oben I.1.3).
[50] Streitig für das therapeutische Klonen (siehe oben, I.1.17).
[51] *De lege ferenda* soll das Verbot der Erzeugung von Embryonen zu Forschungszwecken allerdings nicht mehr gelten, wenn der Embryo mittel SCNT erzeugt worden ist (siehe oben I.1.24).
[52] Möglicherweise auch Virginia (siehe oben I.2.8).
[53] Siehe oben I.1.9.
[54] Siehe oben I.1.26.
[55] Siehe oben I.1.19.
[56] Streitig für das therapeutische Klonen, und zwar auch in Ansehung des Klonprotokolls.
[57] Siehe oben I.1.15.
[58] Ausgehend davon, dass »Embryonen« nur aus dem Vorgang der Befruchtung durch Verschmelzung von Ei- und Samenzelle hervorgehen können.

des Moratoriums[59]), *alternativlos* ist (Belgien, Japan; ferner Niederlande nach Ablauf des Moratoriums[60]) und vom neuesten *Stand der Wissenschaft* getragen wird (Belgien) bzw. nach dem neuesten Stand der Technik vorgenommen wird (Japan). Das beabsichtigte Forschungsvorhaben muss danach auf dem Gebiet der *menschlichen Entwicklungsbiologie* (Belgien, Großbritannien, Schweden), der *Reproduktionsmedizin* (Belgien, Schweden; ferner Niederlande nach Ablauf des Moratoriums[61]), der regenerativen bzw. *Transplantationsmedizin* (Belgien; ferner Niederlande nach Ablauf des Moratoriums[62]) oder der Behandlung *schwerer Krankheiten* (Belgien, Großbritannien; ferner Niederlande nach Ablauf des Moratoriums[63]) stattfinden. Insofern kann es genügen, dass der gezielt erzeugte Embryo allein zur *Herstellung von hES-Zellen* verwendet werden soll, an welchen erst die eigentlichen Forschungsarbeiten durchgeführt werden.

Zu den *embryobezogenen* Zulässigkeitsvoraussetzungen gehört die *Zustimmung der Gameten- bzw. Zellkernspender* (Japan, Schweden). In einzelnen Staaten wird gefordert, dass die zu Forschungszwecken erzeugten Embryonen *nach dem 14. Tag* ihrer Herstellung *vernichtet* werden müssen (Schweden) bzw. die Forschung nur bis zum 14. Tag ihrer Entwicklung durchgeführt werden darf (Belgien, Japan). Vereinzelt sind ein *Verbot der Implantation* der gewonnenen bzw. »beforschten« Embryonen (Schweden) und eine *Begrenzung der Zahl* der zu erzeugenden Embryonen (Japan) vorgesehen. Darüber hinaus gilt in einzelnen Staaten ein ausdrückliches *Kommerzialisierungsverbot* in Bezug auf die Gameten- bzw. Zellkernspende (Belgien, Japan) wie auch ein *Verbot des Imports* von Embryonen (Japan).

Schließlich kann die *Herstellung* von Embryonen zu Forschungszwecken einem Vorbehalt behördlicher *Erlaubnis* unterworfen sein (Großbritannien). Zum Teil wird insoweit (nur) die *Registrierung* des *Forschungslabors* und im Übrigen die (bloße) *Anmeldung* des einzelnen Forschungsprojekts bei einer staatlichen Stelle (Belgien) gefordert. Unter Umständen bedarf es (auch) eines positiven Votums der lokalen *Ethik-Kommission* (Belgien, Schweden).

---

[59] Siehe oben I.1.15.
[60] Siehe oben I.1.15.
[61] Siehe oben I.1.15.
[62] Siehe oben I.1.15.
[63] Siehe oben I.1.15.

3.4 Reproduktives Klonen

Das reproduktive Klonen wird allgemein strikt, d.h. ohne Möglichkeit einer Ausnahme *verboten* bzw. als verboten angesehen (Australien, Belgien, China, Dänemark, Deutschland, Estland, Frankreich, Griechenland, Großbritannien, Indien, Israel, Italien, Kanada, Lettland, Norwegen, Österreich[64], Portugal, Schweden, Schweiz, Singapur, Slowenien, Slowakei, Spanien, Tschechien, in den USA Iowa, Kalifornien, Louisiana, Michigan, Rhode Island, Virginia; wohl auch Irland[65], Ungarn[66]). Eindeutig verboten ist das reproduktive Klonen auch nach dem *Klonprotokoll* des Europarats. Aufgrund dieser nationalen und europäischen Staatenpraxis sowie der weiteren Staatenpraxis, wie sie in supranationalen Regelwerken[67] ebenso zum Ausdruck kommt wie in europäischen und internationalen *soft law-Instrumenten*[68], dürfte das absolute Verbot des reproduktiven Klonens auf völkerrechtlicher Ebene bereits als *Völkergewohnheitsrecht* gelten.

3.5 Herstellung von Embryonen zu kommerziellen Zwecken

Nur vereinzelt gilt in den untersuchten Staaten ein ausdrückliches *Verbot* der Herstellung von Embryonen zu kommerziellen Zwecken (Frankreich). Im Übrigen ergibt sich ein solches Verbot *a minore ad maius* für diejenigen Staaten, in welchen schon die Erzeugung von Embryonen zu Forschungszwecken verboten ist, sowie *e contrario* für diejenigen Staaten, welche die Herstellung von Embryonen zwar zulassen, aber diese Herstellung bewusst auf Forschungszwecke begrenzen.

3.6 Gewinnung von humanen embryonalen Stammzellen

Ein *Verbot* der Gewinnung von hES-Zellen wirkt (ausdrücklich oder – über ein Verbot der verbrauchenden Embryonenforschung – implizit) nur in einigen Staaten (Deutschland, Litauen, Norwegen[69], Österreich, Polen, Slowakei). Mehrere Staaten haben sich demgegenüber ausdrücklich für

---

[64] Nach weit verbreiteter Meinung (siehe oben I.1.17).
[65] Siehe oben I.1.9.
[66] Siehe oben I.1.26.
[67] Siehe oben III.1.1. (bei Fußn. 11 bis 12).
[68] Siehe oben II.3., 6., 7. bis 9.
[69] Allerdings liegt mittlerweile ein Gesetzentwurf vor, nach welchem die Gewinnung von

die rechtliche *Zulässigkeit* der Gewinnung von hES-Zellen zu Forschungs-zwecken entschieden (Australien, China, Dänemark, Frankreich[70], Indien, Japan, Niederlande, Portugal, Schweiz, Spanien[71]; wohl auch Ungarn[72]). Implizit ergibt sich die Zulässigkeit darüber hinaus in denjenigen *weiteren* Staaten, wo die Forschung an Embryonen erlaubt und dabei der Verbrauch des Embryos nicht verboten ist (Belgien, Estland, Finnland, Griechenland, Großbritannien, Kanada, Lettland, Schweden, Slowenien)[73].

Soweit sich Staaten für eine *spezielle Regelung* der Gewinnung von hES-Zellen entschieden haben, ergibt sich für die embryo- und projektbezoge-nen Zulässigkeitsvoraussetzungen folgendes Bild:

Zu den spezifisch für die Gewinnung von hES-Zellen geltenden *em-bryobezogenen Zulässigkeitsvoraussetzungen* gehört, dass die hES-Zellen nur aus *überzähligen Embryonen* gewonnen werden dürfen, diese Embryonen aus einer zu reproduktionsmedizinischen Zwecken durchgeführten *IVF* hervorgegangen sein und die *Eltern* in den Verbrauch des Embryos zum Zweck der Stammzellgewinnung *eingewilligt* haben müssen (Australien, Frankreich, Japan, Niederlande, Schweiz, Spanien[74]). Ausnahmsweise dür-fen hES-Zellen aber auch aus *spezifisch zum Zweck der Stammzellgewinnung mittels IVF oder SCNT erzeugten Embryonen* gewonnen werden (Indien). Au-ßerdem gilt in einzelnen Staaten ein ausdrückliches *Kommerzialisierungsver-bot* in Bezug auf Embryonen (Schweiz[75]) und die daraus gewonnenen hES-Zellen (Schweiz). Vereinzelt ist außerdem vorgesehen, dass nur *Em-bryonen bis zum 14. Tag nach Befruchtung* für die Gewinnung von hES-Zellen herangezogen werden dürfen (China, Japan, Niederlande[76]). Lediglich aus-nahmsweise kommen allein die bis zu einem bestimmten fixen *Stichtag* er-zeugten Embryonen als Quelle für hES-Zellen in Betracht (Australien, Spanien).

Projektbezogene Zulässigkeitsvoraussetzungen sind vereinzelt die *Alter-nativlosigkeit* (Frankreich, Indien, Schweiz) sowie die Verfolgung von be-sonderen *Forschungs*zielen mit Hilfe der hES-Zellen (Frankreich, Indien,

---

hESZ in Zukunft unter bestimmten, engen Voraussetzungen erlaubt werden soll (siehe oben I.1.16).

[70] Für einen Zeitraum von 5 Jahren ab 2004 (siehe oben I.1.6).

[71] *De lege ferenda* auch Norwegen (siehe oben I.1.16) und Tschechien (siehe oben I.1.25).

[72] Siehe oben I.1.26.

[73] Zu den Zulässigkeitsvoraussetzungen in diesen Ländern siehe daher oben unter III.3.2.

[74] *De lege ferenda* auch Norwegen (siehe oben I.1.16) und Tschechien (siehe oben I.1.25). In Spanien soll allerdings *de lege ferenda* auch die hESZ-Gewinnung aus SCNT-Embryonen zuläs-sig sein (siehe oben I.1.24).

[75] *De lege ferenda* auch Tschechien (siehe oben I.1.25).

[76] *De lege ferenda* auch Norwegen (siehe oben I.1.16).

Schweiz) bzw. von Zielen der *Grundlagenforschung* (Japan). Vereinzelt muss die benötigte *Mindestzahl* an Embryonen *gerechtfertigt* werden (Indien).

Nur in wenigen Staaten gilt schließlich ein behördlicher *Erlaubnisvorbehalt* für den Verbrauch menschlicher Embryonen spezifisch zum Zweck der Stammzellgewinnung (Frankreich, Japan, Schweiz[77]). Vereinzelt muss das Vorhaben einer Gewinnung von hES-Zellen bei einer staatlichen Stelle nur *angezeigt* werden (Niederlande). Darüber hinaus kann es des positiven Votums einer Ethik-Kommission bedürfen (Japan, Schweiz[78]).

3.7 Verwendung von humanen embryonalen Stammzellen

Für die Verwendung (einschließlich des Imports) von hES-Zellen ist die »*Regelungsabstinenz*« der meisten Staaten kennzeichnend. Eindeutig *verboten* ist die Verwendung von hES-Zellen nur selten (Litauen[79], Norwegen; wohl auch Polen[80]). Soweit die Verwendung oder der Import der hES-Zellen ausdrücklich zugelassen werden (Deutschland, Kanada, Lettland, Niederlande[81]), gelten vereinzelt sehr strenge *embryobezogene Zulässigkeitsvoraussetzungen*. Danach müssen die hES-Zellen aus *überzähligen IVF-Embryonen* (Deutschland[82]) und in Übereinstimmung mit dem *Recht des Herkunftslandes* gewonnen worden sein (Deutschland). Vereinzelt ist ferner vorgesehen, dass die hES-Zelllinien vor einem bestimmten *Stichtag* und unter Beachtung eines auf die Bereitstellung der Embryonen gerichteten *Kommerzialisierungsverbots* etabliert worden sein müssen (Deutschland).

Als *projektbezogene* Zulässigkeitsvoraussetzung wird bisweilen normiert, dass die auf ein konkretes Projekt bezogenen *Forschungsziele hochrangig* und darüber hinaus *alternativlos* und *subsidiär* zu Tierversuchen bzw. -modellen sein müssen (Deutschland[83]).

In einzelnen Staaten wird die Verwendung von hES-Zellen einem Vorbehalt *behördlicher Erlaubnis* unterstellt und dabei im Erlaubnisverfahren

---

[77] So *de lege ferenda* auch Tschechien (siehe oben I.1.25).
[78] So *de lege ferenda* auch in Norwegen (siehe oben I.1.16) und in Tschechien (siehe oben I.1.25).
[79] Vor dem Hintergrund des Verbots der Gewinnung und des Imports von hESZ (siehe oben I.1.12).
[80] Siehe oben I.1.18.
[81] So *de lege ferenda* auch Tschechien (siehe oben I.1.25).
[82] So *de lege ferenda* auch Tschechien (siehe oben I.1.25). Vorausgesetzt wird danach *de lege ferenda* in Tschechien auch, dass für die Gewinnung der hES-Zellen eine *Einwilligung der Eltern* vorgelegen hat.
[83] So *de lege ferenda* auch Tschechien (siehe oben I.1.25).

(auch) von einer *Ethikkommission* geprüft (Deutschland). Gleiches gilt für den Import (Deutschland[84]). Vereinzelt bedarf es nur der *Anzeige* bei einer staatlichen Stelle (Niederlande[85]).

3.8   Ethikkommissionen

Neben *lokalen* Ethikkommissionen, in der Regel an Kliniken und Universitäten (Belgien, China, Deutschland, Dänemark, Lettland, Litauen, Schweden, Schweiz), hat eine erhebliche Zahl von Staaten auch *auf nationaler (zentralstaatlicher) Ebene* eine Ethik-Kommission eingerichtet (Belgien, Dänemark, Deutschland, Finnland, Frankreich, Griechenland, Indien, Italien, Luxemburg, Österreich, Portugal, Schweden, Schweiz, Singapur, Spanien[86]). Deren Aufgabe kann in der *Beratung* der Regierung oder des Gesetzgebers (Dänemark, Deutschland, Frankreich, Griechenland, Luxemburg, Spanien) liegen oder auch in der (u. U. zwingend vorgeschalteten) *Begutachtung* individueller Forschungsvorhaben im Bereich der Embryonen- oder hES-Zellforschung bestehen (Belgien, Deutschland[87]).[88]

---

[84] Nur fakultative Einschaltung der Ethikkommission *de lege ferenda* auch in Tschechien (siehe oben I.1.25).

[85] Sofern es sich um »neue«, d. h. nach Juni 2002 erzeugte hES-Zellen handelt.

[86] So *de lege ferenda* auch Tschechien (siehe oben I.1.25).

[87] So *de lege ferenda* auch Tschechien (siehe oben I.1.25).

[88] Vgl. zu nationalen Ethikräten die Studie von Fuchs 2005.

4. Gesamtwürdigung

Auf *völker- und europarechtlicher Ebene* werden bioethische Rechtsnormen in den Bereichen PID, Embryonen- und hES-Zellforschung sowie therapeutisches und reproduktives Klonen nur mit äußerster *Zurückhaltung* geschaffen. Sofern einer supranationalen Organisation nicht schon weithin die Regelungskompetenz fehlt (EG), lassen die Staaten jedenfalls in ihrer deutlichen Mehrheit auf völkerrechtlicher Ebene, z. B. im Rahmen internationaler Organisationen, den Willen zur Rechtsbindung vermissen (Europarat, UNO). Als *Völkergewohnheitsrecht* dürfte aber mittlerweile das Verbot des reproduktiven Klonens gelten.

Auf *nationaler Ebene* liegt es empirisch betrachtet regelmäßig in der Zuständigkeit der *Parlamente* (in Bundesstaaten vorzugsweise der Parlamente der *zentralstaatlichen* Ebene), bioethisch relevantes Verhalten in der Form des parlamentarischen *Gesetzes* mit hoher *Regelungsdichte* zu normieren. Die Verhaltenssteuerung wird insofern in der Regel durch strikte *Verbote* oder durch *Erlaubnisvorbehalte* und Erlaubnis- bzw. *Zulässigkeitsvoraussetzungen*, also direkt gegenüber den betroffenen Akteuren bewirkt, aber dabei *nicht notwendig strafrechtlich* flankiert.

Obgleich die *PID* in vielen der in diesem Sachstandsbericht untersuchten Staaten verboten ist, gilt sie in deutlich mehr Staaten als *erlaubt*. Zentrale materielle Voraussetzung ihrer Zulässigkeit ist die *hohe Wahrscheinlichkeit einer schweren erblichen Krankheit* des Kindes. Erweist sich eine derartige Krankheit als geschlechtsspezifisch, wird eine *Selektion* von Embryonen *nach Geschlecht* für zulässig erachtet. Außerdem bedürfen Einrichtungen, welche die PID durchführen wollen, bisweilen einer besonderen *staatlichen Zulassung*.

Viele der hier untersuchten Staaten verbieten die *Embryonenforschung*. Aber auch sie wird von einer deutlichen Mehrheit der Staaten *erlaubt*. Eine noch größere Zahl von Staaten lässt die *Gewinnung von hES-Zellen* aus Embryonen zu Forschungszwecken zu, die als Spezialfall der (verbrauchenden) Embryonenforschung aufgefasst werden kann. Eindeutig in der Überzahl sind dagegen die Staaten, welche die *Herstellung von Embryonen für Forschungszwecke*, insbesondere das *Forschungsklonen*, verbieten. Ausnahmslos und streng verboten wird allgemein das *reproduktive Klonen*. Demgegenüber fehlt typischerweise ein Rechtsrahmen für die *Verwendung* und den *Import von hES-Zellen*.

Bei Zusammenschau der Gesetzgebung der hier ausgewerteten Länder lässt sich mit einer gewissen Behutsamkeit als These formulieren, dass die formellen und materiellen *Voraussetzungen für die Zulässigkeit* sowohl der *Embryonenforschung* als auch der *Gewinnung von hES-Zellen* als auch der *Herstellung von Embryonen* zu Forschungszwecken gleichsam *konvergieren*. Dabei kristallisiert sich folgender »*Prototyp*« von Regelung heraus: Die (aus IVF überzähligen oder eigens und insofern meist mittels SCNT erzeugten) Embryonen dürfen nur bis zum 14. Tag ihrer Entwicklung für Forschungszwecke verwendet werden, und zwar zur Erforschung der Embryonalentwicklung, zur reproduktionsmedizinischen Forschung oder zur Forschung im Bereich regenerativer Medizin. Die Verwendung von Embryonen für die Erreichung der Forschungsziele muss grundsätzlich alternativlos sein. Darüber hinaus ist der Einsatz der Embryonen durch die Zustimmung ihrer (Gameten-)Spender bedingt. Formelle Voraussetzung ist die Einholung einer behördlichen Erlaubnis und eines positiven Votums einer Ethik-Kommission.

Im Rechtsvergleich nimmt die bioethische Normgebung *Deutschlands* – mit ihren in Straftatbestände gekleideten, strikten Verboten sowohl der PID als auch der Embryonenforschung, der Gewinnung von hES-Zellen und des therapeutischen Klonens (im Embryonenschutzgesetz) und der strengen Regelung von Import und Verwendung speziell von hES-Zellen zu Forschungszwecken (im Stammzellgesetz) – zwar keine absolute Ausnahmestellung, wohl aber eine Minderheitsposition ein. Eine annähernd vergleichbar restriktive Rechtslage findet sich sonst nur in Irland, Italien, Litauen, Malta, Österreich und Polen (möglicherweise auch in der Slowakei). In Norwegen, das bisher gleichfalls eine betont strikte Regelungssituation kennt, wird dagegen eine weit reichende Liberalisierung angestrebt.

Häufig verwendete Begriffe und Abkürzungen

(Zu hier verwendeten medizinischen Begriffen siehe auch Pschyrembel 2004.)

Die Verwendung von Abkürzungen und wissenschaftlichen bzw. technischen Begriffen soll im Folgenden (mangels Einheitlichkeit ihrer Benutzung in der bioethischen Diskussion) kurz erläutert werden. Soweit die nachstehenden Begriffe nicht deutlich gekennzeichnet im Normkontext einer besonderen Gesetzeslage mit anderem Sinngehalt gebraucht werden, verwenden wir sie in folgender Bedeutung:

Embryosplitting
Dem Prinzip der natürlichen Zwillingsbildung nachgebildetes Klonierungsverfahren, bei dem Embryonen in einem frühen Zellstadium mikrochirurgisch in Einzelzellen zerlegt werden, die jeweils zu Lebewesen heranreifen können.

hES-Zellen[89]
Humane embryonale Stammzellen: Nicht spezialisierte Zellen aus frühen Embryonen, die in Kultur unbegrenzt teilungsfähig sind und sich unter geeigneten Bedingungen in sämtliche Zelltypen des Menschen differenzieren können.

IVF
In-vitro-Fertilisation: (lat. Befruchtung im Glas) extrakorporale Erzeugung von Embryonen im Rahmen der Therapie von Fertilitätsstörungen.

---

[89] Siehe auch den DRZE-Blickpunkt zur Forschung mit humanen embryonalen Stammzellen. http://www.drze.de/themen/blickpunkt/Stammzellen [03. August 2006] sowie Heinemann / Kersten 2007.

Kryokonservierung
Aufbewahrung von Zellen durch Einfrieren in flüssigem Stickstoff.

PID
Präimplantationsdiagnostik (engl. *Preimplantation Genetic Diagnosis – PGD*): diagnostische Maßnahme im Rahmen einer IVF (s. o.) zur Erkennung genetischer Dispositionen von zum Transfer in die Gebärmutter vorgesehenen befruchteten Eizellen und Embryonen.

PND
Pränataldiagnostik: Untersuchung des ungeborenen Kindes im Mutterleib mittels Verfahren wie Ultraschalldiagnostik, Fruchtwasserdiagnostik oder Chorionzottenbiopsie.

Reproduktives Klonen
Erzeugung von Embryonen, bei denen genetische Identität mit dem Genom eines lebenden oder bereits verstorbenen anderen Menschen vorliegt, in der Absicht, diesen Embryo in eine Gebärmutter zu übertragen und zur Geburt zu bringen.

SCNT
Zellkerntransfermethode (engl. *Somatic Cell Nuclear Transfer*): Verfahren der Klonierung durch Übertragung eines Zellkerns einer adulten Körperzelle in eine zuvor entkernte Eizelle[90].

Therapeutisches Klonen
Erzeugung menschlicher Embryonen mittels SCNT (s. o.), bei denen genetische Identität mit dem Genom des Zellkerns der adulten Körperzellen eines lebenden oder bereits verstorbenen anderen Menschen vorliegt, um die Embryonen als Quelle für die Gewinnung menschlicher embryonaler Stammzellen zu therapeutischen oder Forschungszwecken nutzen zu können[91].

---

[90] Siehe DRZE, Blickpunkt zum Forschungsklonen: http://www.drze.de/themen/blickpunkt/ therap_klonen. [03. August 2007].
[91] Siehe DRZE, Blickpunkt zum Forschungsklonen: http://www.drze.de/themen/blickpunkt/ therap_klonen. [03. August 2007].

Soft Law
Standards, die in rechtlich unverbindlichen europa- oder völkerrechtlichen Instrumenten (wie »Resolutionen« z. b. der UN-Generalversammlung oder »Erklärungen« z. b. des Europäischen Parlaments) enthalten sind und die zwar keine rechtliche Bindungswirkung entfalten, aber im weiteren Verlauf z. B. zu (Völker-) Gewohnheitsrecht erstarken oder einer völkervertraglichen oder gemeinschaftsrechtlichen Regelung zugeführt werden könnten.

De lege ferenda
Nach Maßgabe noch zu erlassenden Rechts. Im Gegensatz zu *de lege lata:* nach Maßgabe geltenden Rechts.

Ordre public
»Öffentliche Ordnung«, die (nur) von den tragenden, grundlegenden, unabdingbaren Prinzipien bzw. Normen einer (nationalen oder supranationalen) Rechtsordnung gebildet wird.

Sekundärrecht der Europäischen Union
Rechtsakte, die von den Organen der Europäischen Gemeinschaften bzw. von diesen Organen im Rahmen der Europäischen Union auf Grundlage der im primären Gemeinschaftsrecht verankerten Ermächtigungen erlassen werden.

Unmittelbar anwendbare Rechtsnorm (self-executing)
Normen völkerrechtlicher Verträge, die inhaltlich hinreichend bestimmt sind und nicht unter dem Vorbehalt eines weiteren, nationalen Vollzugsakts stehen. Solche Normen sind innerstaatlich unmittelbar von Behörden und Gerichten anzuwenden, und der Einzelne kann sich unmittelbar auf solche Normen berufen, gegebenenfalls sogar unmittelbar durchsetzbare Ansprüche aus den Normen herleiten.

Verzeichnis verwendeter Literatur

Ausschuss für Bildung, Forschung und Technikfolgenabschätzung (2004): Bericht des Ausschusses für Bildung, Forschung und Technikfolgenabschätzung: Sachstandsbericht Präimplantationsdiagnostik – Praxis und rechtliche Regulierung in sieben ausgewählten Ländern. In: Bundestagsdrucksache 15/3500.

Beneker, Christian (2003): Nein zur PID? Dafür gibt es in China und Zypern kein Verständnis. In: Ärzte Zeitung Online vom 6. 10. 2003. URL http://www.aerzte-zeitung. de/docs/2003/10/06/178a0301.asp [10. Mai 2006].

Bioethik-Kommission des Landes Rheinland-Pfalz (1999): Präimplantationsdiagnostik. Thesen zu den medizinischen, rechtlichen und ethischen Problemstellungen. Alzey: Rheinhessische Druckwerkstätte.

Bundeszentrale für politische Bildung (2003): Gute Gene, schlechte Gene? Gentechnik, Genforschung und Consumer Genetics. URL http://www.bpb.de/popup/popup_druckversion.html?guid=CQQ6WJ [10. Mai 2006].

Commission of the European Communities (2003): Commission staff working paper: report on human embryonic stem cell research. Brüssel SEC (2003) 441. URL http://ec.europa.eu/research/press/2003/pdf/sec2003–441report_en.pdf [08. Mai 2006].

Committee on Human Fertilisation and Embryology (1984): Report of the Committee of Enquiry into Human Fertilisation and Embryology. HSMO.

Dahs, Hans / Müssig, Bernd (2003): Forschung mit humanen embryonalen Stammzellen im In- und Ausland. Strafrechtliche Grundlagen und Grenzen. Rechtliche Stellungnahme. DFG. URL http://www.dfg.de/aktuelles_presse/reden_stellungnahmen/2003/download/gutachten_dahs_muessig.pdf [09. August 2007].

Department of Health, Chief Medical Officer's Office (2000): Stem Cell Research: Medical Progress with Responsibility. A Report from the Chief Medical Officer's Expert Group Reviewing the Potential of Developments in Stem Cell Research and Cell Nuclear Replacement to Benefit Human Health. London.

Deutsche Forschungsgemeinschaft (2006): Stammzellforschung in Deutschland. Bonn. URL http://www.dfg.de/aktuelles_presse/reden_stellungnahmen/2006/stammzellen_0611.html [10. August 2007].

Deutsches Referenzzentrum für Ethik in den Biowissenschaften (DRZE) (Hg.) (2005): Dossier Stammzellforschung. Bonn: DRZE.

Eser, Albin / Koch, Hans Georg (2003a): Forschung mit humanen embryonalen Stammzellen im In- und Ausland. Rechtsgutachten zu den strafrechtlichen Grundlagen und Grenzen der Gewinnung, Verwendung und des Imports sowie der Beteiligung daran durch Veranlassung, Förderung und Beratung. Deutsche Forschungsgemeinschaft. Weinheim: WILEY-VCH Verlag.

Eser, Albin / Koch, Hans-Georg (2003b): Rechtsprobleme biomedizinischer Fortschritte in vergleichender Perspektive. In: Justizministerium Baden-Würtemberg (Hg.): Strafrechtsprofessoren der Tübinger Juristenfakultät. Tübingen, 15–36.

Eser Albin / Koch, Hans Georg (1999): Schwangerschaftsabbruch im internationalen Vergleich. Teil 3. Baden-Baden: Nomos.

European Commission, Directorate E (2003): Biotechnology, Agriculture and Food. Survey on opinions from National Ethics Committees or similar bodies, public debate and national legislation in relation to human embryonic stem cell research and use. Volume II. Brüssel. URL http://ec.europa.eu/comm/research/biosociety/pdf/catalogue_stem_cells_non_eu.pdf [08. Mai 2006].

EuroStemCell (2005): The European Consortium for Stem Cell Research: Workshop: Ethical aspects of stem cell repositories and stem cell databases. Brüssel.

E.U. Network of Experts on Fundamental Rights (2003): Report on the situation of fundamental rights in Malta in 2003, 11. URL http://cridho.cpdr.ucl.ac.be/DownloadRep/Reports2003/R.Nationaux2003/CFR-CDF.repMalta.2003.pdf [08. Mai 2006].

Fuchs, Michael (2005): Nationale Ethikräte. Hintergründe, Funktionen und Arbeitsweisen im Vergleich. Hg. v. Nationalen Ethikrat. Berlin: Selbstverlag.

Global Lawyers and Physicians (o.J.): Database of Global Policies on Human Cloning and Germ-line engineering. URL http://www.glphr.org/genetic/europe2-7.htm [08. Mai 2006].

Gmeiner, Robert (2004): Präimplantationsdiagnostik (PID) – Der Bericht der österreichischen Bioethikkommission. In: Zeitschrift für Biopolitik 3: 181–188.

Health Council of the Netherlands (2002): Stem cells for tissue repair. URL http://www.gr.nl/pdf.php?ID=429 [09. August 2007].

Heinemann, Thomas / Kersten, Jens (2007): Stammzellforschung. Naturwissenschaftliche, rechtliche und ethische Aspekte. Ethik in den Biowissenschaften – Sachstandsberichte des DRZE Bd. 4. Freiburg im Breisgau: Alber Verlag.

Human Genetics Advisory Commission / Human Fertilisation and Embryology Authority (1999): Cloning Issues in reproduction, science and medicine. Final report. In: Jahrbuch für Wissenschaft und Ethik 4: 365–391.

Kersten, Jens (2004): Das Klonen von Menschen. Eine verfassungs-, europa- und völkerrechtliche Kritik. Tübingen: Mohr Siebeck.

Kopetzki, Christian (2002): Grundrechtliche Aspekte der Biotechnologie am Beispiel des »therapeutischen Klonens«. In: Kopetzki, Christian / Mayer, Christian (Hg.): Biotechnologie und Recht, Veröffentlichungen des Ludwig-Boltzmann-Institutes für Gesetzgebungspraxis und Rechtsanwendung, Band 11. Wien: Manz, 15–66.

Kopetzki, Christian (o.J.): Klonen- rechtlich betrachtet. URL http://science.orf.at/science/news/8784 [28. Mai 2007].

Luf, Gerhard (2003): Die moderne Biomedizin aus rechtsethischer/juristischer Perspektive. URL http://www.dieuniversitaet-online.at/dossiers/beitrag/news/die-moderne-biomedizin-aus-rechtsethischer-juristischer-perspektive/81.html [28. Mai 2007].

McGee vs. Attorney General (1974) URL www.womenslinkworldwide.org/pdf/co_eur_ire_mcgee.pdf [5. Juni 2007].

Menikoff, Jerry (2001): Law and Bioethics. An Introduction. Washington DC: Georgetown Univ. Press.

Miklos, Andras (2002): Einige rechtliche Überlegungen zum Klonen menschlicher Zellen unter besonderer Berücksichtigung embryonaler Stammzellen. In Kopetzki, Christian / Mayer, Christian (Hg.): Biotechnologie und Recht. Wien: Manz. 119–157.

National Bioethics Advisory Commission (1999): Ethical Issues in Human Stem Cell Research: Springfield, U.S. Department of Commerce Technology Administration.

Nationale Ethikkommission im Bereich Humanmedizin (2002): Zur Forschung an embryonalen Stammzellen. URL http://www.nek-cne.ch/media/archive1/de/publikationen/stellungnahmen/stammzellen_de.pdf [07. August 2007].

Nationale Ethikkommission im Bereich Humanmedizin (2001): Forschung an importierten embryonalen Stammzellen. Stellungnahme Nr. 1/2001. In: Schweiz. Ärztezeitung 82. URL http://www.nek-cne.ch/media/archive1/de/publikationen/stellungnahmen/importierte_stammzellen_de.pdf [09. August 2007].

National Health and Medical Research Council (1996): Ethical guidelines on assisted reproductive technology. Cambera: NHMRC.

Nuffield Council on Bioethics (2000): Stem Cell Therapy. The Ethical Issues. A discussion paper. URL http://www.nuffieldbioethics.org/go/ourwork/stemcells/publication_304.html [09. August 2007].

Oduncu, Fuat (2001): Klonierung beim Menschen. Biologisch- technische Grundlagen ethischer Bewertung. In: Ethik in der Medizin 13, 111–125.

Pincock, Steven (2007): Stem cell laws to be relaxed in Norway. In: The Scientist. 01. Februar 2007. URL www.the-scientist.com/news/display/45903/. [09. Februar 2007].

Pschyrembel, Willibald (2004): Pschyrembel Klinisches Wörterbuch: mit 250 Tabellen, 260. neu bearb. Aufl. Berlin: De Gruyter.

Rosner, Fred (2001): Biomedical Ethics and Jewish Law. Hoboken: KTAV Publishing House.

Royal Society (1998): Whither Cloning?. In: Jahrbuch für Wissenschaft und Ethik 3: 391–398.

Schäuble, Wolfgang / Glos, Michael / Scharping Rodolf / Fischer, Joseph et al. (1997): Verbot des Klonens von Menschen. Antrag der Fraktionen CDU/CSU, SPD, Bündnis 90/Die Grünen und FDP. In: Bundestagsdrucksache 13/7241.

Schneider, Susanne (2005): Selektion aufgrund genetischer Diagnostik? Rechtliche Aspekte der Präimplantations- und Präfertilisationsdiagnostik. In: Jahrbuch für Wissenschaft und Ethik 10: 329–342.

Schoettli, Ulrich (2001): Ethik und Gentechnologie in Japan/Verbot des Klonens von Menschen. In: Neue Zürcher Zeitung vom 11. Juli 2001.

Schütze, Hinner (2005): Klonierung beim Menschen – Zusammenfassung der juristischen Untersuchung. In: Jahrbuch für Wissenschaft und Ethik 10: 293–311.

Spranger, Tade Mathias (2001): The Japanese Approach to Regulation of Human Cloning. In: Biotechnology Law Report (20) 5, Mary Ann Liebert Inc.

The Associated Press (2007): Norway may ease stem cell ban. URL http://www.msnbc.msn.com/id/16827125/. [07. August 2007].

United Nations Information Service (2005): General Assembly Adopts United Nations Declaration on Human Cloning by Vote of 84–34–37 vom 09. März 2005. URL

http://66.249.93.104/search?q=cache:wb7nRWkf4SQJ:www.unis.unvienna.org/
unis/pressrels/2005/ga10333.html+Cloning+India+&hl=de&gl=de&ct=clnk&cd=3
[10. Mai 2006].

Wheat, Kathryn / Matthews, Kirstin (o.J.): World Human Cloning Policies. URL http://
www.ruf.rice.edu/~neal/stemcell/World.pdf [08. Mai 2006].

Witteck, Lars / Erich, Christina (2003): Straf- und verfassungsrechtliche Gedanken zum
Klonen des Menschen. In: Medizinrecht 21, 258–262.

Hinweise zu den Autoren

Hans-Georg Dederer, PD Dr. iur., Oberassistent am Institut für Öffentliches Recht, Abteilung Verwaltungsrecht, Universität Bonn. Anschrift: Universität Bonn, Institut für Öffentliches Recht, Abteilung Verwaltungsrecht, Adenauerallee 24–42, D-53113 Bonn. URL http://www.jura.uni-bonn.de/index.php?id=851

Martin Heyer, Wissenschaftlicher Mitarbeiter und Koordinator der ethisch-rechtlich-sozialwissenschaftlichen Arbeitsgemeinschaft des Kompetenznetzwerks Stammzellforschung NRW am Institut für Wissenschaft und Ethik (IWE), Universität Bonn. Anschrift: IWE, Bonner Talweg 57, D-53113 Bonn. URL http://www.iwe.uni-bonn.de

Ludger Honnefelder, Prof. em. Dr. phil. Dr. h.c., Gründungsdirektor des Deutschen Referenzzentrums für Ethik in den Biowissenschaften (DRZE) (bis März 2007), Bonn. Anschrift: DRZE, Bonner Talweg 57, D-53113 Bonn. URL http://www.drze.de

Dirk Lanzerath, Dr. phil., Geschäftsführer des Deutschen Referenzzentrums für Ethik in den Biowissenschaften (DRZE), Bonn. Anschrift: DRZE, Bonner Talweg 57, D-53113 Bonn. URL http://www.drze.de

In der Reihe »Ethik in den Biowissenschaften – Sachstandsberichte des DRZE« sind im Verlag Karl Alber bereits erschienen:

Band 2
Peter Propping, Stefan Aretz, Johannes Schumacher, Jochen Taupitz, Jens Guttmann, Bert Heinrichs:
Prädiktive genetische Testverfahren. Naturwissenschaftliche, rechtliche und ethische Aspekte
ISBN 978-3-495-48194-3

Band 4
Thomas Heinemann, Jens Kersten:
Stammzellforschung. Naturwissenschaftliche, rechtliche und ethische Aspekte
ISBN 978-3-495-48196-7

ETHIK IN DEN
BIOWISSENSCHAFTEN –
SACHSTANDSBERICHTE DES DRZE

6   drze

Aufbringung und Verteilung
von Mitteln für das
Gesundheitswesen

Regelungen und Probleme in Deutschland,
Großbritannien und den USA

Kurt Fleischhauer

VERLAG KARL ALBER   A

Band 6
Kurt Fleischhauer:
*Aufbringung und Verteilung von Mitteln für das
Gesundheitswesen. Regelungen und Probleme in
Deutschland, Großbritannien und den USA*
ISBN 978-3-495-48248-3